Bernt Engelmann

Das neue Schwarzbuch:
Franz Josef Strauß

Kiepenheuer & Witsch

Einband Hannes Jähn
unter Verwendung eines Fotos von dpa
Printed in Germany
ISBN 3 462 013904

Über dieses Buch

Das neue Schwarzbuch von Bernt Engelmann ist brandaktuell. Es liefert die dokumentarischen Beweise für alle Behauptungen, die von der CDU/CSU hartnäckig bestritten, als »üble Geschichtsfälschung« und »längst widerlegt« hingestellt, von Strauß selbst aber nur mit Schmähungen (»Ratten und Schmeißfliegen«) beantwortet werden.
Das neue Schwarzbuch belegt darüber hinaus die lange Kette von politischen Skandalen und Affären, die die Karriere des Franz Josef Strauß von Anfang an begleitet haben – bis in die jüngste Gegenwart. Jungwähler, die über die großen Strauß-Skandale der 60er Jahre (»HS 30«, »Starfighter«, »FIBAG«, »Onkel Aloys«, »Spiegel-Affäre« usw.) nur in Umrissen unterrichtet sind, können sich nun genau informieren, zum Teil anhand neuer, bislang unveröffentlichter Dokumente.
Für jeden Leser dieses neuen Schwarzbuchs stellt sich die Frage: Wieso ist ein Mann, der das Parlament belogen, die Grundrechte mißachtet, Druck auf die Justiz ausgeübt, Amtsanmaßung betrieben und die Gebote von Sitte und Anstand gröblich verletzt hat, dem »der Ruch der Korruption« anhaftet und der unter dem Vorwurf steht, Milliardensummen an öffentlichen Mitteln verschleudert zu haben, wieso ist ein solcher Mann, der seit Jahrzehnten mit rechtsextremistischen Kreisen des In- und Auslands in enger Verbindung steht, noch immer ein führender Politiker und nun sogar der Kandidat der CDU/CSU für das Amt des Bundeskanzlers? Kein verantwortungsbewußter Wähler kann nach der Lektüre dieser Dokumentation noch seine Stimme direkt oder indirekt für Franz Josef Strauß abgeben.

Der Autor

Bernt Engelmann, 1921 in Berlin geboren, erlebte den Naziterror als Gymnasiast, von 1938 an als Soldat bei der Luftwaffe, als Angehöriger einer Widerstandsgruppe und in Gestapo-Haft, zuletzt in den Konzentrationslagern Flossenbürg, Hersbruck und Dachau. Von 1946 an studierte er Geschichte, Jura und Sprachen, wurde Journalist, u. a. Redakteur und zeitweise Sonderberichterstatter beim *Spiegel* und beim NDR-Fernsehmagazin »Panorama«. Sein kritisches Engagement und die von ihm aufgedeckten Affären (»Onkel Aloys«) brachten ihn in immer schärfere Kontroverse mit der politischen Rechten. Seit 1962 ist Engelmann freier Schriftsteller. Seine Bücher, z. B. *Meine Freunde, die Millionäre, Deutschland ohne Juden, Wir Untertanen, Großes Bundesverdienstkreuz, Preußen – Land der unbegrenzten Möglichkeiten, Wie wir wurden was wir sind* und – zusammen mit Günter Wallraff – *Ihr da oben, wir da unten,* haben eine europäische Gesamtauflage von mehr als 6 Millionen. Bernt Engelmann, Mitglied und seit 1970 Präsidiumsmitglied des P.E.N.-Clubs, der angesehensten internationalen Autorenvereinigung, wurde 1977 zum Vorsitzenden des Verbands deutscher Schriftsteller (VS) in der IG Druck und Papier gewählt, im März 1980 für weitere drei Jahre in diesem Amt bestätigt. Er ist auch Sprecher des Presseausschusses Demokratische Initiative (siehe letzte Seite) und lebt mit seiner Familie in einer oberbayerischen Dorfgemeinde.

Franz Josef Strauß über Bernt Engelmann in einem Interview mit der Wochenzeitung *Die Zeit*: »Meine literarischen Fähigkeiten und die vom Engelmann, dann kann man ja sagen: Das ist Goethe zu Ganghofer.«

Inhalt

DIESES SCHWARZBUCH ist ein Appell an die Vernunft und das Verantwortungsgefühl der wahlberechtigten Bürgerinnen und Bürger unseres Landes. Es wendet sich vor allem an die Jüngeren, denen viele wichtige Informationen fehlen oder ungenau vermittelt wurden. Aber auch die Älteren, die manches vergessen haben, sollen sich wieder erinnern. Es geht darum, jung und alt davon zu überzeugen, daß es für uns alle verhängnisvoll wäre, wenn Franz Josef Strauß Bundeskanzler würde.

Damit kein Irrtum aufkommt: Es liegt nicht in der Absicht dieses Buchs, Strauß zu verteufeln, zu beschimpfen oder gar zu verleumden. Es werden unter größtmöglicher Schonung der privaten Sphäre allein diejenigen Tatsachen behandelt, die öffentlich bekanntgemacht werden müssen, damit jeder selbst beurteilen kann, ob sich Strauß wirklich zum Bundeskanzler eignet. Als Kanzler würde er die Richtlinien der Politik unseres Staatswesens bestimmen. Das hätte entscheidenden Einfluß auf das Schicksal von mehr als 60 Millionen Menschen, die in unserem Land leben, sowie auf die Beziehungen der Bundesrepublik zu allen ihren Nachbarn.

Dieses Schwarzbuch wäre überflüssig, hätte sich nicht der CSU-Vorsitzende im Sommer 1979 zum Kanzlerkandidaten der Union ernennen lassen – richtiger: diese Kandidatur seinen widerstrebenden Parteifreunden aufgezwungen. Es wurden dabei rücksichtslos allerlei Tricks und Schliche angewandt. Strauß hat mancherlei Bedenkliches in seine Rechnung mit einbezogen, besonders die Angst vieler Menschen, denen es gut geht, vor der Unsicherheit der Zukunft. Ihnen empfiehlt er sich als »starker Mann«, der jede Krise zu meistern imstande sei, sowie als guter Hausvater und zuverlässiger Manager unserer Staatsfinanzen. Er setzt wohl darauf, daß sich kaum noch jemand daran erinnert, wie gerade er in gefährlichen Krisensituationen völlig versagt hat; wie unkontrolliert er sich verhielt; wie schwach er sich jedesmal zeigte, wenn es darauf ankam, einen klaren Kopf und starke Nerven zu behalten. Er hofft vielleicht auch, daß viele vergessen haben, wie er als Minister in Bonn seine Macht wiederholt mißbrauchte, aus einem Skandal in den anderen geriet, durch haarsträubenden Umgang mit Steuergeldern in Verruf kam, und wie er Parlament und Öffentlichkeit so lange belog und täuschte, bis er schließlich überführt und dann gezwungen wurde, seinen Sessel zu räumen.

Damals, unter dem Datum vom 9. April 1965, schrieb Johannes Groß, gewiß kein Linker, im CDU-nahen Wochenblatt *Christ und Welt*:

»Strauß unterhält die Öffentlichkeit mit Beteuerungen, er sei nicht korrupt, er sei nicht kriminell, nicht Millionär, nicht machtgierig. Er werde bloß verleumdet; alle seien gegen ihn – die Russen, die Amerikaner, die Liberalen, die Sozialisten, die norddeutschen Protestanten, der hohe katholische Klerus usw. usw.«

So wird es auch diesmal sein, und er wird seinerseits nicht mit Verleumdungen seiner Kritiker sparen. Das darf uns indessen nicht davon abbringen, die Auseinandersetzung mit dem Kanzlerkandidaten Strauß anders als streng sachlich zu führen. Dazu gehört die grundlegende Feststellung: Nicht wir sind gegen Strauß, er ist gegen uns, gegen unsere Auffassung von freiheitlicher Demokratie, gegen unsere Vorstellungen von einem friedlichen, geordneten, sauberen und ein Höchstmaß an Liberalität garantierenden Staatswesen.

Strauß hat in seiner bisherigen politischen Laufbahn fortgesetzt gegen Geist und Buchstaben unserer Verfassung verstoßen, ebenso gegen die Normen von Sitte und Anstand, die auch und gerade in der Politik gelten müssen. Er rechnet damit, daß dies die meisten vergessen haben. Dieses Schwarzbuch soll mit dafür sorgen, daß seine Rechnung nicht aufgeht.

Lebenslauf des Kanzlerkandidaten bis 1945

»Jeder, der sich um das höchste Amt bewirbt, muß seine Vergangenheit lückenlos aufzeigen können!« So erklärte Strauß, der sich nun selbst um das höchste Amt bewirbt, am 12. September 1961 in Weilheim.
Was seine eigene Vergangenheit, insbesondere seinen politischen Werdegang betraf, so hatte er zu Beginn seiner Laufbahn als Bundespolitiker für das erste amtliche *Handbuch des Deutschen Bundestags* von 1949 folgendes angegeben: (s. Anhang)
»Strauß, Franz, Oberregierungsrat, Generalsekretär der CSU, Schongau – (Bayer. Kr. 12 Weilheim) CSU.
Geboren am 6. September 1915 in München als Sohn eines Handwerksmeisters. Nach Besuch des Humanistischen Gymnasiums Studium der Geschichte, Sprachen, Volkswirtschaft und Rechtswissenschaft an der Universität München. Staatsexamen im Jahre 1939/40. Von 1939 bis 1945 Teilnahme am 2. Weltkrieg. Von 1945 bis 1. Januar 1949 stellvertretender und zweimal gewählter Landrat von Schongau. Seit 1. Januar 1949 Leiter des Bayerischen Landesjugendamtes. 1945 Gründungsmitglied der Christlich-Sozialen Union. Von 1946 an Mitglied des Landesvorstands, seit 1949 Generalsekretär der CSU.«
Dieser auf eigenen Angaben beruhende Lebenslauf des damals 34jährigen Abgeordneten Franz Strauß – den zweiten Vornamen, der noch nirgendwo amtlich vermerkt war, legte er sich erst später zu – bedarf einer Reihe von Korrekturen und Ergänzungen sowie im einen oder anderen Punkt einer Erläuterung. So war der als

»Handwerksmeister« bezeichnete Vater Inhaber einer gutgehenden Metzgerei im Hause Schellingstraße 49 in München-Schwabing.

Dies ist nur insofern von Belang, als sich Strauß vor Industriearbeitern gern als »aus kleinen Verhältnissen stammend« und »mit den Sorgen und Nöten der kleinen Leute von Jugend auf vertraut« bezeichnet. In Wahrheit hat die florierende elterliche Metzgerei auch und gerade in Notzeiten dafür gesorgt, daß der junge Franz Strauß den Hunger und das Elend allenfalls vom Hörensagen kennenlernte.

Das Elternhaus war gut katholisch; des Vaters politische Sympathien gehörten der in den Jahren der Weimarer Republik im Freistaat Bayern meist regierenden Bayerischen Volks-Partei (BVP), deren Vorsitzender von 1929–1933 Dr. Fritz Schäffer war. Schäffer, geboren 1888 in München, hatte 1919 als Freikorpsmann an der blutigen Beseitigung der Münchner Räterepublik teilgenommen, war 1920 ins bayerische Kultusministerium berufen worden und gehörte zu den weit rechtsstehenden BVP-Führern. Wie sehr er schon damals mit den Nazis sympathisierte, ließ er 1922 erkennen, als er im Landtag die Ablehnung eines sozialdemokratischen Antrags auf Verbot der Nazi- und anderen völkischen Kampfverbände, die in Coburg ihre Gegner brutal mißhandelt hatten, für seine Fraktion wie folgt begründete: »Wir haben keinen Anlaß, uns gegen diese Verbände zu wenden, wir haben keinen Anlaß, ihnen mit Mißtrauen entgegenzutreten ... Die Nationalsozialisten haben allerdings ... ihre körperliche Überlegenheit zu sehr ausgenützt und ... über die Abwehr hinaus von ihrer körperlichen Gewandtheit Gebrauch gemacht ... Soll es unsere Aufgabe sein, dem Marxismus einen Gegner zu ersparen?« Fritz Schäffer, später Adenauers Finanz-, dann Justizminister und Kabinettskollege seines Parteifreunds Strauß, hat 1932/33 wiederholt ein Regierungsbündnis seiner BVP mit der Nazi-Partei zu schließen versucht. 1932 war er »durchaus bereit, in eine Regierung Hitler einzutreten«, denn er und seine Parteifreunde hatten, wie er dem Reichspräsidenten v. Hindenburg mitteilte, »gegen eine Kanzlerschaft Hitlers keine prinzipielle Einwendung«. Nachdem die Nazis ohne die BVP an die Macht gelangt waren, riet Schäffer allen Freunden, das neue Regime zu unterstützen. Die BVP löste sich dann auf, nachdem ihre Reichstagsfraktion, zusammen mit den anderen bürgerlichen Parteien, im März 1933 jenem »Ermächtigungsgesetz« zugestimmt hatte, mit dem die Hitler-Diktatur errichtet wurde. Danach war Schäffer aus der aktiven Politik ausgeschieden und hatte sich seiner Anwaltspraxis gewidmet. Ende Mai 1945, kurz nach dem Untergang des Hitler-Reichs, ernannte die amerikanische Militärregierung Dr. Fritz Schäffer zum ersten bayerischen Ministerpräsidenten der Nachkriegszeit. Aber schon am 28. September 1945 setzten die Amerikaner Fritz Schäffer wieder ab, hauptsächlich wegen zu großer Nachsicht und Laschheit bei der Säuberung des Beamtenapparats von stark belasteten Nazis. Wenige Wochen nach seiner Amtsenthebung gehörte Dr. Fritz Schäffer zur Gründungsprominenz der Christlich-Sozialen Union in Bayern.

Dies alles hat mit dem politischen Werdegang des Franz Strauß nur insofern etwas zu tun, als es klarmacht, welchen Weg Fritz Schäffer und andere Führer jener Partei gingen, mit der man im Straußschen Elternhaus sympathisierte und aus der die meisten älteren Gründungsmitglieder der CSU stammten. Zugleich sollte durch die Schilderung verdeutlicht werden, unter welchen politischen Verhältnissen der junge Strauß aufwuchs und wieviel augenzwinkernde Kumpanei es damals zwischen den Schwarzen und den Braunen in der bayerischen Landeshauptstadt bereits gab:

Schon beim Hitler-Putsch vom 9. November 1923 – eine Strauß-Legende besagt, der Achtjährige habe dabei Nazi-Flugblätter verteilt und dafür daheim eine Tracht Prügel bezogen – hatten etliche hohe Beamte, darunter Münchens Polizeipräsident, der spätere Landesgerichtsrat Ernst Pöhner, und der Chef der Politischen Abteilung im Polizeipräsidium, Dr. Wilhelm Frick, mit den Nazis gemeinsame Sache gemacht. Beim Marsch auf die Feldherrenhalle war ein hoher Richter, der dann von einer verirrten Kugel tödlich verletzte Rat am Obersten Bayerischen Landesgericht Theodor v. d. Pfordten, unter der Hakenkreuzflagge mitmarschiert. (Ein halbes Jahrhundert später konnte im CSU-regierten Freistaat ein Richter am Obersten Bayerischen Landesgericht, der ehemalige SS-Führer Dr. Günter Stempel, als Präsident einer rechtsextremistischen Dachorganisation fungieren ...)

Der Fahnenträger beim Hitlerputsch war Heinrich Himmler, der spätere Reichsführer SS und Nachfolger Dr. Wilhelm Fricks als Hitlers Reichsminister des Innern und Chef der Polizei; er war ein Stammkunde der Metzgerei Strauß in der Schellingstraße, deren Ladengeschäft gegenüber dem damaligen Nazi-Hauptquartier lag.

Himmler und den meisten anderen Teilnehmern des gescheiterten Putschversuchs vom 9. November 1923, bei dem immerhin 19 Menschen, darunter zwei Polizisten, ums Leben kamen, geschah gar nichts; Dr. Frick erhielt eine gelinde Haftstrafe, die zur Bewährung ausgesetzt wurde. Auch Hitler selbst kam sehr glimpflich davon und war nach knapp einem Jahr »Ehrenhaft« wieder auf freiem Fuß. Für diese schonende Behandlung und die Vertuschung der engen Beziehungen zwischen den Putschisten und den bayerischen Behörden sorgte der zuständige Staatsanwalt Dr. Hans Ehard. Er wurde 1933 nach Hitlers »Machtergreifung« zum Senatspräsident beim Oberlandesgericht München befördert; nach 1945 gehörte er zu den Gründern der CSU, war deren erster Landesvorsitzender bis 1954, zugleich von 1946 bis 1954 und nochmals von 1960 bis 1962 bayerischer Ministerpräsident.

Dies alles und manches andere wurde dem jungen Franz Strauß sicherlich erst im Nachhinein bekannt, als er sich für Politik zu interessieren begann, und das war vor 1933 nicht der Fall. Als Schüler schloß sich Strauß weder einer katholischen Jugendorganisation an noch jenen rechtsextremistischen Grüppchen, die mit stillschweigender Duldung der bayerischen Behörden »Wehrsport« betrieben und heimlich den Bürgerkrieg übten (etwa wie ein halbes Jahrhundert später die »Wehrsportgruppe Hoffmann«, die Strauß als Ministerpräsident noch im Januar 1979 vor dem Landtag als inaktiv und gänzlich bedeutungslos hinstellte, obwohl sie, wie sich dann herausstellte, über 400 bis an die Zähne bewaffnete Mitglieder zählte, wogegen Himmlers »Schutzstaffeln« [SS] noch 1929 nur über knapp 230 Mann verfügten, vier Jahre später aber bereits ganz Deutschland terrorisieren konnten. Schlimmer noch: Der im Januar 1980 vorgelegte Verfassungsschutzbericht der bayerischen Staatsregierung, betitelt »Politische Sicherheitslage in Bayern«, herausgegeben vom Bayerischen Staatsministerium des Innern, für das Gerold Tandler (CSU) verantwortlich ist, widmet der – inzwischen vom Bundesinnenministerium verbotenen – »Wehrsportgruppe Hoffmann« – WSG, ganze elf Zeilen, die von der Renovierung einer angemieteten Gastwirtschaft handeln und schließen: »Im übrigen beschränkten sich die Aktivitäten der WSG auf die Renovierung des Schlosses in Ermreuth sowie auf einige interne Treffen.« Im selben Verfassungsschutzbericht [Stand: Dezember 1979] sind im Kapitel »Linksextreme Aktivitäten und Bestrebungen« unter Ziffer 1.6 immerhin sechsundzwanzig Zeilen einer »Kampagne gegen den CDU/CSU-Kanzlerkandidaten« Franz-Josef Strauß gewidmet und darin auch der Autor als »Bernt Engelmann, Mitglied des ›Presseausschusses Demokratische Initiative‹ – PDI und Vorsitzender des Schriftstellerverbandes« aufgeführt – offenbar ein wesentlicherer Bestandteil der »politischen Sicherheitslage in Bayern« als die schwerbewaffnete neonazistische Wehrsportgruppe Hoffmann.)

Auch nach der Errichtung der Nazi-Diktatur, als in München wie anderswo im Reich die Gewerkschaftshäuser gestürmt, alle linken Organisationen zerschlagen, deren Führer verhaftet, mißhandelt und in die ersten Konzentrationslager – in Südbayern nach Dachau – verschleppt wurden, kümmerte sich der junge Franz Strauß kaum darum. Er besuchte zu dieser Zeit eine Elite-Schule, das Max-Gymnasium, für das ihn der katholische Theologe Professor Johannes Zellinger wärmstens empfohlen hatte. Dieser Geistliche, für den Franz Strauß dann während seiner ganzen Schulzeit ministrierte, hatte an der Gisela-Oberrealschule seinen Meßdiener als einen Knaben kennengelernt, der sich mit sonderlicher Hingabe dem Studium lateinischer Kirchentexte widmete. Dies hatte den Professor davon überzeugt, daß Strauß auf das Max-Gymnasium gehöre, und es war ihm gelungen, seinen aufgeweckten Zögling dort unterzubringen.

Der Max-Gymnasiast Franz Strauß rechtfertigte die in

ihn gesetzten Erwartungen seines geistlichen Förderers: Bis zum Abitur war er in allen Klassen Primus; seine besten Fächer waren – in dieser Reihenfolge –: Latein, Griechisch, Englisch, Geschichte. Mit einem Reifezeugnis, in dem – außer einer Zwei im Turnen – nur Einser standen, gewann er 1935 – dem Jahr der Wiedereinführung der allgemeinen Wehrpflicht und der Verkündung der Nürnberger »Rasse«gesetze – ein Hochschulstipendium, wie es die Maximilianeumsstiftung alljährlich für den besten bayerischen Abiturienten aussetzte. Ein Jahr zuvor, im selben Sommer, als in München eine Vielzahl von alten Weggefährten Hitlers auf dessen Befehl hin ermordet wurden, war der 19jährige Primaner Strauß, der sich für Politik nicht interessierte, auch noch süddeutscher Straßenmeister im Radfahren geworden.
Der so erfolgreiche, äußerst ehrgeizige junge Mann erfüllte bald nach dem Abitur seine Arbeitsdienstpflicht und begann an der Müncher Universität ein Studium der Altphilologie, Geschichte und Germanistik, mit dem Ziel, später in den höheren Schuldienst einzutreten. Nebenher verdiente er sich mit Nachhilfestunden in Latein und Griechisch sein Taschengeld.
Bei Kriegsausbruch mußte stud. phil. Franz Strauß sein Studium unterbrechen, von dem er bereits acht Semester erfolgreich absolviert hatte. Am 3. September 1939 trat er in Landsberg am Lech seinen Militärdienst bei einer Artillerie-Einheit an. Mit dem Artillerieregiment Nr. 45 kam er dann in die Gegend von Trier, an den sogenannten »Westwall«. Dort blieb bis zum Frühjahr 1940 alles ruhig. Der Kanonier Strauß benutzte diese Zeit, sich auf sein Referendarexamen vorzubereiten, das er während eines sechswöchigen Urlaubs dann mit Glanz bestand. Er wurde in den Fächern Geschichte, Latein und Griechisch

geprüft und erhielt die Gesamtnote 1,1 – die beste, die seit dem Jahre 1919 in Bayern einem Referendar erteilt worden war. Am 1. Mai 1940 wurde er zum Gefreiten befördert, nahm dann mit seinem Regiment an der Besetzung Frankreichs teil und avancierte bereits am 1. November zum Unteroffizier und Reserveoffiziersanwärter. Im Winter 1940/41 erhielt er Studienurlaub und legte im Frühjahr 1941 die zweite Staatsprüfung ab. Seine Dissertation, die er dann in Angriff nahm, hatte »Die Weltreichsidee bei Justins Historiae Philippicae des Trogus Pompeius« zum Thema, was ebenso ausgefallen wie zeitgemäß war. Aber Strauß kam nicht dazu, diese Doktorarbeit zu schreiben; es blieb bei Entwürfen. Dagegen wurde er am 1. April 1941 zum Studienassessor ernannt und der Münchner Oberschule für Jungen in der Damenstiftstraße zugeteilt. Doch sein Urlaub von der Wehrmacht lief ab und wurde nicht verlängert. Unteroffizier Strauß mußte wieder einrücken, kam zu einer Heeres-Flak-Einheit und nahm mit dieser am Ostfeldzug teil, der mit dem Überfall auf die Sowjetunion am Morgen des 22. Juni 1941 begann.

Unteroffizier Strauß machte noch den Übergang über den Dnjepr mit, dann wurde er zum Besuch eines Offizierslehrgangs nach Stettin abkommandiert und erhielt dort am 1. Februar 1942 seine Beförderung zum Leutnant. Als er an die Ostfront zurückgekehrt war, begann dort die große Sommeroffensive. Mit seiner Einheit kam er bis in die Gegend von Rostow am Don. Im Herbst und Winter 1942/43 nahm er teil an der Verteidigung der Nordflanke des großen Don-Bogens und spürte, wie das Kriegsglück die Armeen Hitlers immer mehr verließ.

Schon Mitte Januar 1943 brachten heftige sowjetische Angriffe die gesamte Don-Front ins Wanken und

schließlich zum Zusammmenbruch. Ende Januar kapitulierten die Reste der 6. Armee, die bei Stalingrad eingekesselt worden waren, und Hunderttausende gerieten in sowjetische Gefangenschaft. Leutnant Strauß gehörte zu den wenigen Glücklichen, die dem Inferno nahezu unversehrt entkamen. Nachdem er wegen Erfrierungen an den Zehen krankgeschrieben worden war, konnte er es durchsetzen, daß er mit einem der letzten Verwundetentransporte in die Heimat ausgeflogen wurde.
Dort war seine Gesundheit rasch wiederhergestellt. Er nahm an verschiedenen Lehrgängen teil, wurde nach Dänemark, dann ins Ruhrgebiet, später noch einmal für kurze Zeit nach Frankreich versetzt und kam schließlich, obwohl er längst wieder kriegsverwendungsfähig geschrieben worden war, zur Lehrgruppe Heer, die in der Luftwaffen-Flakschule IV in Altenstadt bei Schongau am Lech untergebracht war. Bei dieser Einheit blieb Strauß bis zum April 1945. Zum Oberleutnant befördert, war er zuletzt Stabadjutant und Chef der Stabsbatterie.
Am 8. Mai 1945 war der Zweite Weltkrieg für Deutschland endgültig verloren; die gesamten Streitkräfte des untergegangenen »Großdeutschen Reiches« hatten bedingungslos kapituliert. Millionen deutsche Soldaten kamen nun in – oftmals jahrelange – Kriegsgefangenschaft. Der Oberleutnant d. R. Franz Strauß war wiederum einer der wenigen Glücklichen, die diesem Schicksal entgingen. Er hatte einige Tage vor Kriegsende seine Entlassung aus der Wehrmacht erhalten, genauer: Er hatte sich selbst entlassen; die entsprechenden Eintragungen in seinen Papieren waren gefälscht, und er hatte sich damit, noch ehe die ersten Amerikaner in Schongau eingetroffen waren, ins nahegelegene Dorf Schwabniederho-

fen abgesetzt, den Uniformrock gegen eine Ziviljacke vertauscht und im Pfarrhaus eine vorläufige Unterkunft gefunden.

Natürlich kam dieser kleine Schwindel sehr schnell heraus; kaum waren die Amerikaner einmarschiert, da griff eine Patrouille den gesunden und kräftigen Mann auf, der noch Offizierskeilhosen unter der Ziviljacke trug und behauptete, am 20. April 1945 aus der Wehrmacht regulär entlassen worden zu sein. Sie brachte Strauß in die Kaserne zurück, und er hätte nun eigentlich in ein Gefangenenlager eingewiesen werden müssen und dort noch monate-, vielleicht jahrelang auf seine Entlassung warten können. Doch er hatte erneut großes Glück, nicht zuletzt, weil er vorsorglich seine guten Englischkenntnisse noch aufgefrischt und verbessert hatte, ehe der Krieg zu Ende ging. Damit beeindruckte er die Schongauer Militärregierung, die dringend Dolmetscher brauchte, und so kam es, daß der – wie er erklärte – politisch völlig unbelastete, noch nicht 30jährige Altphilologe Franz Strauß aus München als Hilfskraft der Amerikaner in Schongau bleiben durfte. Dort begann wenig später seine steile politische Karriere.

»Er hatte das Glück, zu jung zu sein, um eine Nazivergangenheit zu haben«, schrieb ein Jahrzehnt nach Kriegsende der britische Labour-Politiker Richard Crossmann über Franz Josef Strauß, als dieser es bereits zum Verteidigungsminister in Bonn gebracht hatte. »Ein SA-Obersturmführer Strauß, ein Kriegsgefangener vielleicht bis 1950 in Sibirien – was wäre aus ihm geworden?«

Bleibt hinzuzufügen, daß einige Details aus der Vergangenheit des Ex-Oberleutnants und nunmehrigen Dolmetschers Franz Strauß sowohl den amerikanischen

Besatzern der ersten Nachkriegszeit als auch Richard Crossmann verborgen geblieben waren.
Da gab es zunächst die – von Strauß noch 1949, in seinen Angaben zur Person für das erste Bundestagshandbuch, (s. Anhang) seltsamerweise nicht erwähnte, dabei doch gewiß nicht nachteilige oder unwichtige – Ernennung zum Studienrat und damit zum Beamten auf Lebenszeit durch den »Führer und Reichskanzler« Adolf Hitler an dessen Geburtstag, dem 20. April 1943.
Vielleicht hätte die amerikanische Militärregierung von Schongau, wäre sie darüber informiert gewesen, die Personalakte ihres Dolmetschers Strauß aus Berlin angefordert. Daraus wäre dann ersichtlich gewesen (s. Anhang), daß der Reichsminister für Wissenschaft, Erziehung und Volksbildung in seinem Ernennungsvorschlag an den »Herrn Staatsminister und Chef der Präsidialkanzlei des Führers und Reichskanzlers« die Frage, ob der Studienassessor Franz Strauß »die Gewähr dafür biete, jederzeit rückhaltlos für den nationalsozialistischen Staat einzutreten«, uneingeschränkt bejaht hatte. Dabei hatte sich das Ministerium auf die nachgewiesene Mitgliedschaft des Assessors Strauß im NS-Studenbund (NSStDB) sowie im Nationalsozialistischen Kraftfahrkorps (NSKK) gestützt. Es sei hier angemerkt, daß sich Strauß zur Mitgliedschaft im NSKK in späteren Jahren durchaus bekannt hat, meist mit dem Zusatz, daß er aus Begeisterung fürs Motorradfahren diesem ›Verein‹ beigetreten sei. Erwähnt sei auch, daß alle Strauß-Biographen, Freunde wie Gegner, bislang darin übereinstimmten, daß dieser NSKK-Mitgliedschaft keine politische Bedeutung beizumessen sei, erst recht nicht der im NSStDB. Doch während ein Beitritt zum NS-Studentenbund im Jahre 1937 für einen deutschen Studenten, zumal einen Staatsstipendiaten, tatsächlich

kaum vermeidlich war und insofern wirklich nicht als Bekenntnis zur Nazi-Partei gewertet werden kann, hatte es mit dem NSKK eine andere Bewandtnis. Es handelte sich dabei nicht, wie viele heute anzunehmen scheinen, um einen harmlosen Klub von Motorsportfreunden, auch nicht um eine jener vielen Nazi-Organisationen, in die sich jene flüchteten, die auf das Drängen ihrer Vorgesetzten hin nur ein Scheinbekenntnis zum Nazitum ablegen und sich auf die Zahlung eines Monatsbeitrags beschränken wollten. Denn im Gegensatz zu diesen weitgehend unpolitischen Organisationen – wie beispielsweise die Nationalsozialistische Volkswohlfahrt (NSV) oder der Reichsluftschutzbund – war das NSKK bis zum Sommer 1934 ein Teil der braunen »Sturmabteilungen« (SA) gewesen, genau wie die »Schutzstaffeln« (SS). Als motorisierte Untergliederung der Bürgerkriegsarmee Hitlers erfüllte das NSKK Transportaufgaben, stellte Kradmelder und Überfallwagen, fuhr zur Einschüchterung der Gegner grölende SA-Trupps durch die Straßen und diente darüber hinaus der paramilitärischen Ausbildung.
Nach der Ermordung des SA-»Stabschefs« Ernst Röhm und zahlreicher hoher SA-Führer, die auf Hitlers Befehl hin am 30. Juni und 1. Juli 1934 von Himmlers SS durchgeführt wurde, erklärte Hitler zur weiteren Entmachtung der SA zwei ihrer Untergliederungen zu eigenständigen Organisationen: die SS und das NSKK, die beide nunmehr – nach dem amtlichen *Handbuch für das Deutsche Reich* von 1936, herausgegeben vom Reichs- und Preußischen Ministerium des Innern – gleichrangige »Gliederungen der NSDAP« waren.
Der Korpsbefehl Nr. 12 b vom 12. Mai 1938 (s. Anhang) definierte denn auch das NSKK als »die motorisierte Kraft der Partei« und stellte fest: »Führer und Männer

des Korps müssen Parteimitglieder sein oder, falls dies noch nicht der Fall ist, die Eignung für eine spätere Aufnahme in die Partei besitzen und die Verpflichtung hierzu eingehen.«
Ferner wurde allen NSKK-Angehörigen »dauernde Schulung« sowie »ein immer tieferes Eindringen in das nationalsozialistische Gedankengut« zur Pflicht gemacht. Verantwortlich für diese weltanschauliche Schulung war die Abteilung IIb des Personalamts, der auch die Prüfung der Anwärter auf Eignung zur Aufnahme in das Korps oblag, ferner die Auswahl, Ernennung und weitere Schulung von »weltanschaulichen Referenten« für jede NSKK-Einheit. Diese Referenten waren, unabhängig von ihrem Dienstgrad, »Vorgesetzte aufgrund ihrer besonderen Dienststellung« und mußten »einwandfrei zuverlässige, weltanschaulich gefestigte Nationalsozialisten« sein, zudem fähig, Führern und Mannschaften das NS-»Gedankengut« einprägsam zu vermitteln und sie »für Führer und Bewegung zu begeistern«.
Dies alles muß man wohl bei der Beurteilung der Tatsache berücksichtigen, daß in dem »Vorschlag zur Ernennung RP 4158/43« des Studienassessors Franz Strauß zum Studienrat ausdrücklich vermerkt ist: »weltanschaulicher Referent und Rottenführer beim Sturm 23/M 86 in München«. Ferner ist in der Akte angegeben: »Stud. Ass. Strauß ist seit Kriegsbeginn – mit einer Unterbrechung vom 18.11.1940 bis 14.4.1941 – im Heeresdienst«, und was er dort, nachdem er in Altenstadt bei Schongau stationiert war, an Funktionen gehabt hatte, wäre für die Amerikaner zweifellos von großem Interesse gewesen. Hätten sie es im Sommer 1945 gewußt, so wäre der Oberleutnant

a. D. Franz Strauß nicht zum Dolmetscher der Militärregierung und zum Landratsstellvertreter ernannt, sondern mit größter Wahrscheinlichkeit in automatischen Arrest genommen worden und hätte dann keinen so leichten Start in die Kreis-, Landes- und schließlich Bundespolitik gehabt.

Über seine Funktionen bei der Heeresflak in Altenstadt bei Schongau hat Strauß selbst später einige – wohl mehr der Vertuschung als der Aufklärung dienende – Angaben gemacht. In seiner autorisierten Biographie, die Thomas Dalberg unter dem Titel *Franz Josef Strauß. Porträt eines Politikers. Autorisierte Biographie* 1968 im C. Bertelsmann Sachbuchverlag, Gütersloh, erscheinen ließ, heißt es dazu auf Seite 35:

> »Der Leutnant Strauß – im August 1944 wurde er zum Oberleutnant befördert – übernahm neben seiner Aufgabe als Ausbildungsoffizier noch die Funktionen des Abteilungsadjutanten und des Chefs der Stabsbatterie. FJS: ›Ich habe mir die schönsten und abwechslungsreichsten Posten der Abteilung herausgesucht.‹ Für einige Monate übertrug ihm der Kommandeur (›Das machen Sie, Strauß, das überlassen wir keinem andern!‹) auch noch die Wahrnehmung der Aufgabe eines Offiziers für wehrgeistige Führung.
>
> Dieses Nebenamt trug Franz Strauß später den Vorwurf der Ostpropaganda ein, er habe sich in Schongau längere Zeit als NS-Führungsoffizier (NSFO) betätigt und demgemäß die Lehrgangsteilnehmer im Sinn der Hitlerschen Kriegs- und Rassenpolitik beeinflußt. Davon konnte aber keine Rede sein. Als die NS-Führungsoffiziere aufkamen, zog sich Franz Strauß vom Glatteis der ›weltanschaulichen Ausrichtung‹ der Truppe zurück. Das Amt eines Offiziers für wehrgeistige Führung hatte noch die Möglichkeit geboten, eine vorsichtig dosierte, nach außen hin unverfängliche Aufklärung zu betreiben. Der Titel verpflichtete zu nichts. FJS: ›Dann wurde der NSFO erfunden. Die Abteilung mußte einen geeigneten Offizier melden. Da habe ich dann gestreikt und meinem

Kommandeur erklärt: Offizier für wehrgeistige Führung, das habe ich noch gemacht. Aber nun NSFO, das ist mir zu dubios.‹«

Soweit die Darstellung, die Strauß selbst 1968 von seinen Funktionen in Altenstadt bei Schongau gegeben hat – mit viel dichterischer Freiheit, wie man hinzufügen muß. Immerhin gab er damals wenigstens zu, »Offizier für wehrgeistige Führung« gewesen zu sein. Wer dies heute von ihm behauptet oder ihn auch nur nach einer solchen Möglichkeit fragt, wird – wie es dem Autor geschah – als »übler Geschichtsfälscher« diffamiert und mit Schmähungen bedacht, die dem Wörterbuch des Unmenschen entnommen sein könnten.

Lassen wir unsererseits strenge Sachlichkeit walten, und beschränken wir uns zunächst auf die Frage, was es denn mit der Funktion eines »Offiziers für wehrgeistige Führung« tatsächlich auf sich hatte. Dankenswerterweise hat das Münchner Institut für Zeitgeschichte die Frage gründlich untersucht. Die Ergebnisse wurden in den *Vierteljahresheften für Zeitgeschichte*, 9. Jahrgang, 1961, Heft 1, Seiten 76ff veröffentlicht, und zwar unter der Überschrift: »Zur Geschichte des nationalsozialistischen Führungsoffiziers (NSFO) – Dokumentation –«; sie sind in jeder größeren öffentlichen Bibliothek nachzulesen.

Danach wurde durch Geheimbefehl des Chefs der Heeresrüstung und Befehlshabers des Ersatzheeres vom 14. Mai 1943 (s. Anhang) angeordnet, daß »jetzt bis zu den Bataillonen Offiziere für politisch-weltanschauliche Führung eingesetzt werden« sollten; diese hatten »nur politische, nicht aber Betreuungsaufgaben«. Unter Ziffer 2 der Anordnung hieß es: »Die Auswahl einer für diese Aufgaben geeigneten Persönlichkeit ist für den Erfolg entscheidend. Gesichtspunkte für die Auswahl sind: bewährter Frontoffizier, aktivistischer Nationalsozialist ...«

Unter Ziffer 5 hieß es noch einmal: »Die Aufgabe des Offiziers für wehrgeistige Führung der stellv. Generalkommandos und Btle [Bataillone] (Abt [Abteilungen]) ist *ausschließlich* politisch-weltanschaulich-nationalsozialistisch.«

Das also will Franz Josef Strauß, seiner autorisierten Biographie zufolge, gewesen sein – für einige Monate und neben seinen zahlreichen sonstigen Funktionen. »Der Titel«, so Strauß, »verpflichtete zu nichts«. Was dann später aus dem »Offizier für wehrgeistige Führung« wurde, der berüchtigte NSFO, das sei ihm »zu dubios« gewesen, da habe er gestreikt und seinem Kommandeur mutig erklärt, daß er da nicht mehr mitmache – ein Akt antifaschistischen Widerstands, der Strauß den Kopf hätte kosten können. Das jedenfalls soll denjenigen suggeriert werden, die sich nicht genau auskennen.

Aber ein ganz so offener Nazigegner scheint der als »Offizier für wehrgeistige Führung« sich zu nichts verpflichtet fühlende Strauß nun doch nicht gewesen zu sein. Sein Kommandeur, Generalmajor Hermann Hiller, erklärte dazu in einem Leserbrief, der im *Spiegel* (Nr. 43, Seite 77) 1957 veröffentlicht wurde:

> »... Strauß ist mir dienstlich gut bekannt, da er Adjutant einer meiner Abteilungskommandeure an der Flak-Artillerie-Schule Schongau im Jahre 1944 und 1945 war ... Wenn der Verteidigungsminister jetzt immer seine antinationalsozialistische Haltung herauskehrt, so kann ich nur sagen, daß ich damals nichts davon gemerkt habe. Auch als gegen mich wegen einer offenen Kritik am Dritten Reich im Dezember 1944 ein kriegsgerichtliches Verfahren eingeleitet wurde, hat Strauß sich mir gegenüber nicht als ›Widerstandskämpfer‹ zu

erkennen gegeben. Andere Offiziere der Flakschule dagegen boten mir seinerzeit Hilfe und Unterstützung an ...«

So steht also Wort gegen Wort, auf der einen Seite die Erklärung von Strauß in eigener Sache, auf der anderen die schriftliche Widerlegung durch General Hiller. Halten wir uns allein die nachweisbaren Tatsachen, so wird sehr rasch klar, daß die Darstellung, die Strauß in seiner autorisierten Biographie von seiner damaligen Funktion als »Offizier für wehrgeistige Führung« gegeben hat, nicht der Wahrheit entsprechen kann. Er will erst im Laufe des Jahres 1944 »Offizier für wehrgeistige Führung« geworden sein, doch seit Dezember 1943 gab es diese Funktion gar nicht mehr. Denn als aus dem angeblich harmlosen »Offizier für wehrgeistige Führung« der »dubiose« NS-Führungsoffizier (NSFO) wurde, da feierte man in Deutschland und somit auch an der Flakschule von Schongau gerade das Weihnachtsfest 1943. Mit »Führerbefehl« vom 22. Dezember 1943 (s. Anhang) wurde die Funktion des NSFO geschaffen, und unter den Voraussetzungen, die dieser zu erfüllen hatte, stand »bedingungsloser Nationalsozialist« nun an erster Stelle. Als der Leutnant Strauß 1944 nach Schongau versetzt wurde, waren diese Richtlinien für Nationalsozialistische Führungsoffiziere bereits in kraft, und den NS-»Offizier für wehrgeistige Führung« gab es offiziell schon nicht mehr.

Aber selbst wenn man zugunsten von Leutnant Strauß annimmt, daß es ein paar Wochen gedauert haben mag, bis der Wechsel in der Bezeichnung auch in die Flakschule bei Schongau gedrungen war, so ändert das nichts Wesentliches.

Auch der »Offizier für wehrgeistige Führung« war bereits so etwas wie ein politischer Kommissar, ähnlich dem »Politruk« der Roten Armee. Die Richtlinien wiesen

zwar ausdrücklich darauf hin, daß bei der Truppe der Eindruck, es handele sich um einen Kommissar, unbedingt vermieden werden müsse. Aber gerade dieser Hinweis zeigt ja, wie es tatsächlich um die Aufgaben des »Offiziers für wehrgeistige Führung« stand.
Die Richtlinien bezeichnen ihn als *»Gehilfe und Berater bei der Durchführung der dem Truppenführer gestellten politischen Führungsaufgaben«*; ferner hatte er laufend Personalbeurteilungen abzugeben und Meldungen über die Ergebnisse seiner Indoktrinations- und Überwachungsarbeit zu erstatten. Die Auswahl von geeigneten »Offizieren für wehrgeistige Führung« wie auch dann die der NSFO wurde von der Parteikanzlei des Reichsleiters Martin Bormann überwacht, und bei jeder Gauleitung der Nazi-Partei gab es einen »Gaubeauftragten für Wehrmacht der NSDAP«, der zusammen mit dem »Offizier für wehrgeistige Führung« des jeweiligen Generalkommandos die Ernennungsvorschläge einreichte. Die Kandidaten sollten *»bedingungslose, kämpferische, fanatische Nationalsozialisten«* sein. *»Erfahrungen und praktische Fähigkeiten in der politisch-weltanschaulichen Führung und Erziehung, Zugehörigkeit zur Partei und aktive politische Tätigkeit als Politischer Leiter sind erwünscht.«*
Weil sich die Berufsoffiziere der Wehrmacht für diese Aufgabe meist nicht eigneten und die Voraussetzungen nicht erfüllten, wählte man als »Offiziere für wehrgeistige Führung« oder NSFO vorzugsweise solche Reserveoffiziere mit Frontbewährung aus, die als überzeugte Nazis bekannt und in der Partei, SA oder NSKK Funktionäre gewesen waren.
Es bleibe dahingestellt, ob der Leutnant, dann Oberleutnant Franz Strauß ein – vom Standpunkt der Nazi-Partei

aus – guter »Offizier für wehrgeistige Führung« bzw. NSFO war oder ein Mißgriff. Jedenfalls sicherte die Ernennung dazu sein Verbleiben an der Flakschule bei Schongau im heimatlichen, vom Krieg kaum berührten Oberbayern. Der Oberleutnant Strauß hat diesen ruhigen Heimatposten nicht dadurch gefährdet, daß er sich als Nazigegner zu erkennen gab, sofern er dies in seinem tiefsten Innern war. Das jedenfalls war der Eindruck, den sein Kommandeur von ihm hatte. Es gibt noch eine Reihe weiterer ehemaliger Soldaten, die sich an den ›Führungsoffizier‹ Strauß erinnern. Nur einer von ihnen bescheinigte Strauß deutliche Nazigegnerschaft – allerdings nur »in den letzten Wochen des Krieges und in den Monaten danach« ... Zu dieser Zeit war Oberleutnant Strauß bestimmt kein ›Führungsoffizier‹ mehr, auch kein »bedingungsloser, kämpferischer, fanatischer Nationalsozialist« – doch davon später.

Zunächst sei erklärt, warum allen diesen dokumentarisch belegten Fakten einige Bedeutung zukommt, und zwar unabhängig von der Frage, ob der »weltanschauliche Referent« des NSKK-Sturms 23/M 86 und zeitweise »Offizier für wehrgeistige Führung (oder gar NSFO) Franz Strauß nun wirklich ein mehr oder weniger überzeugter, womöglich fanatischer Nazi war oder nur so tat.

Die Erklärung ist ganz einfach und ergibt sich bereits aus der Pflichtlektüre, die schon dem NSKK-Referenten Strauß im Jahre 1938 verordnet war. Dabei muß man sich vergegenwärtigen, daß er diese und viele weitere Schriften nicht nur wirklich zu lesen, sondern auch über ihren Inhalt eine Vielzahl von Referaten zu halten hatte.

Zur Pflichtlektüre eines weltanschaulichen Referenten beim NSKK gehörten aber, allein in den auf den Dezember 1938 folgenden acht Wochen, außer Hitlers *Mein*

Kampf, Rosenbergs *Mythus des 20. Jahrhunderts* und *Die Spur des Juden im Wandel der Zeiten* sowie weiteren Standardwerken der Nazibewegung, laut *Verordnungsblatt der Korpsführung*, 4. Jahrgang, Folge 17, die nachstehenden ›Werke‹:
Alfred Rosenberg, *Pest in Rußland*,
Georg Leibbrandt, *Moskaus Aufmarsch gegen Europa*,
Otto Keil, *Der Bauer in der Sowjetunion*, mit einer Einleitung von Reichsleiter Darré,
Paul Schmitz, *Moskau und die islamische Welt*,
Georg Leibbrandt, *Jüdische Weltpolitik in Selbstzeugnissen*, mit einer Einleitung von Reichsleiter Rosenberg,
Alfred Rosenberg, *Europa und sein Todfeind*,
Hans Krebs, *Prag und Moskau*, mit einem Geleitwort von Reichsleiter Frick,
Sanders, *Um die Gestaltung Europas*,
Hagemeyer, *Europas Schicksal im Osten*,
Hermann Greife, *Deutsches Schrifttum im Dienste des Bolschewismus* sowie
der Katalog der Ausstellung »Europas Schicksalskampf im Osten«. Ein solches oder ähnliches Pensum, ergänzt durch die ›rassenkundlichen‹ Schriften des Nazi-Professor Hans F. K. Günther und Theodor Fritschs wüst antisemitisches *Handbuch der Judenfrage*, mußte der NSKK-Referent Strauß Monat für Monat, Jahr für Jahr bewältigen, zunächst als aufmerksamer Lehrer, dann, schlimmer noch: als verantwortlicher Funktionär, der über den Inhalt dieses »NS Schriftguts« regelmäßig zu referieren und ein mehr oder weniger aufmerksames Publikum von der Wahrheit auch der kühnsten Behauptungen zu überzeugen hatte. Und wie zuvor beim NSKK, so erging es ihm, dem ehemaligen Musterschüler aus gut katholischem Elternhaus und Einser-Abiturienten des hu-

manistischen Max-Gymnasiums, dann auch später, als »Offizier für wehrgeistige Führung«!
Wenn wir Franz Strauß also unterstellen wollen, daß er, entgegen der Annahme von Vorgesetzten und Untergebenen, *kein* wirklicher Nazi gewesen sei, dann folgt daraus, daß er bei pflichtgemäßer Erfüllung seiner Aufgaben jahrelang gegen seine innere Überzeugung und wider besseres Wissen die verblasenen Rasse- und Herrenmenschen-Ideologien der Nazis zu verbreiten geholfen hätte; dann hätte er, ohne ein Judenhasser zu sein, gegen die jüdischen Mitbürger gehetzt und ihre Ausrottung durch ›weltanschauliche Schulung‹ seiner Zuhörer vorbereitet; er hätte, ohne ein Kriegshetzer zu sein, zum Kreuzzug gen Osten aufgefordert ... – wobei anzumerken ist, daß niemand gezwungen wurde, »weltanschaulicher Referent« oder »Offizier für wehrgeistige Führung« zu werden.
Eine andere Frage, nämlich wieviel von der Nazi-Ideologie und dem Nazi-Vokabular sich Strauß tatsächlich zu eigen gemacht hat, wird ein aufmerksamer Zuhörer bei seinen zahlreichen Reden und sonstigen Äußerungen selbst entscheiden können.

Vor dem neuen Start: Franz und der Schrecken von Schongau

Als die Amerikaner den Oberleutnant Strauß gründlich verhörten, erfuhren sie, daß er mit dem Kommandogerät 40 vertraut war und mit diesem ersten elektronischen Feuerleitgerät als Ausbildungsoffizier gearbeitet hatte. Daraufhin bekam Strauß ein Zimmer, eine Schreibmaschine und amerikanische Offiziersverpflegung, dazu den Auftrag, einen genauen Bericht über dieses Gerät sowie über die Erfahrungen der deutschen Flugabwehr in der Sowjetunion zu schreiben.
Die Expertise, die Strauß dann ablieferte, beeindruckte die Amerikaner nicht nur vom Inhalt her, sondern auch durch das korrekte Englisch. Der Kommandant von Schongau, US-Major Rivinius, ließ sich den sprachkundigen Offizier kommen und setzte ihn kurzerhand als Dolmetscher und Vertreter des von ihm zum kommissarischen Landrat ernannten früheren Bayerischen Volksparteilers Franz Xaver Bauer ein.
Landrat Bauer sprach kein Wort Englisch, und damit war der Dolmetscher Strauß in einer Schlüsselposition, denn er stellte nun das einzige Bindeglied zwischen dem Herrscher und den Beherrschten dar. Sein Einfluß stieg noch, als er einen weiteren mächtigen Gönner fand: den Chef der für den Landkreis Schongau zuständigen Einheit des militärischen Geheimdienstes (CIC) der Amerikaner, First Lieutenant (später Captain) Ernest F. Hauser, der Jahre später im weltweiten Bestechungsskandal um die Firma Lockheed und deren »Starfighter« eine wichtige Rolle spielte. Hauser, aus Salzburg gebürtig, herrschte

vom Sommer 1945 an im Kreis Schongau wie ein absoluter Monarch. Seinem beinahe ständigen Begleiter Strauß fiel dabei die Rolle eines Oberhofmarschalls zu, der für eine gnädige Stimmung des launischen Herrschers sorgen und dessen oft sehr harte, mitunter in die privatesten Bereiche eingreifende Befehle abzumildern vermochte, wenn es ihm angebracht erschien.

Wie sich First Lieutenant Hauser damals aufführte, daran erinnerte man sich in der 8000-Seelen-Kreisstadt Schongau und in den umliegenden Dörfern noch zwanzig Jahre später mit Schaudern. Sein Regiment trug ihm nicht nur den Beinamen »Schrecken von Schongau« ein, sondern auch mancherlei anderes, zum Beispiel schöne Autos, darunter einen BMW-Sportwagen, zahlreiche wertvolle Fotoapparate und Uhren, Feldstecher, Kühlschränke, Goldstücke und Juwelen sowie in überreichlichem Maße die Gunst jüngerer Weiblichkeit.

Die Methoden, die Ernest F. Hauser zur Erlangung all dieser und vieler anderer Dinge anwandte, waren nicht gerade die feinsten. Aber in der ersten Nachkriegszeit krähte kein Hahn danach, was ein amerikanischer IMS-, später CIC-Offizier in seinem 500 qkm-Landkreis anstellte; ob er – wie sich in Hausers Fall die Leute noch lange schmerzlich erinnerten – eingesperrte, mehr oder minder prominente Nazis gegen nützliche Sachwerte wieder laufen ließ; ob er umgekehrt, oft aus sehr persönlichen Gründen, andere, mitunter völlig Unschuldige, darunter hübsche, aber störrische junge Damen, ins Gefängnis werfen und schikanös behandeln ließ; ob er willkürliche Beschlagnahmen durchführte oder Geschenke verteilte – der CIC-Chef war ein unumschränkter Herrscher, vor dem alle zitterten.

Unter Hausers strengem Regiment litt damals der ganze

Landkreis. Es kam sogar zu einigen mysteriösen Selbstmordfällen. Fröhlich und gänzlich unbeschwert ging es nur an einer Stelle zu: Im CIC-Stabsquartier, der Villa Meisel. Dort verkehrten neben Hauser und seinen Leuten auch einige wenige Deutsche, meist junge Frauen, sowie der offenbar unentbehrliche Landratsstellvertreter und Dolmetscher Franz Strauß, Oberleutnant a. D., der nun einen alten, an Armen und Beinen zu kurz gewordenen dunkelblauen Anzug trug.

Strauß, der damals viele Tage und Nächte mit Hauser verbrachte, ihn überall hin begleitete und dem First Lieutenant selbst bei der Lösung sehr priver Probleme mitunter behilflich war, galt als die rechte Hand des »Schrekkens von Schongau«. Doch wußte er es so einzurichten, daß der heimliche Zorn der Schongauer sich allein gegen Hauser richtete, wogegen es von ihm im allgemeinen hieß, daß er das Schlimmste zu verhindern wisse und mit sich reden lasse.

Einen zunächst anderen Eindruck, der aber, wie sich später zeigte, auf einem Mißverständnis beruhte, hatte ein früherer Offizierskamerad von Strauß, der sich nach Kriegsende im Landkreis Schongau noch aufhielt, weil er in seine Heimat Ostpreußen nicht zurückkehren konnte. Eines Morgens wurde er von den Amerikanern in seinem ländlichen Versteck aufgestöbert und, wie er meinte, »auf Betreiben von Strauß«, der dabei war, festgenommen. Es war der Oberleutnant Hans Hellmut Kirst, letzter NS-Führungsoffizier der Heeresabteilung in der Flakschule IV bei Schongau, der später als Romanautor (*08/15*) sehr bekannt geworden ist. Als Strauß 1954 als Bundesverteidigungsminister den zum aufrechten Demokraten und Antimilitaristen gewandelten Kirst öffentlich angriff und ihm »Untergrabung des Verteidigungswillens der Bundesrepublik« vorwarf, konterte Kirst, Strauß habe ihn 1945 bei den Amerikanern denunziert. Dazu wußte *Der Spiegel* Nr. 21 vom 19. Mai 1954 auf Seite 32 zu berichten:

»Einen ... Werwolf und Nazioffizier, so sagt nun Strauß, hätten die Amerikaner eines Tages auch im benachbarten Schwabsoien suchen wollen. Sie hätten ihn dazu mitgenommen und seien direkt zu Kirst gefahren. Er, Strauß, habe zwar erklärt: ›Jawohl, das ist ein ehemaliger Offizier, aber kein Werwolf‹, die Amerikaner hätten Kirst aber trotzdem mitgenommen. Kirst berichtet, daß er bei der Vernehmung geschlagen wurde und nach zwei Tagen dadurch entkommen sei, daß er vom fahrenden Zug sprang. Erst später holten ihn die Amerikaner wieder ...«

Kirst verbrachte dann sieben Monate im Internierungslager Garmisch, ehe man sich von seiner Harmlosigkeit überzeugte und ihn laufen ließ.
Fast wäre es zwischen Strauß und Kirst neun Jahre später zu einem Rattenschwanz von Prozessen gekommen; die beiden ehemaligen Führungsoffiziere zogen es aber dann vor, einen Vergleich zu schließen und sich gegenseitig nichts mehr vorzuwerfen. Weitere 24 Jahre später, am 9. August 1978, meldete sich Hans Hellmut Kirst noch einmal mit einem von der *Süddeutschen Zeitung* veröffentlichten Leserbrief zu Wort, worin er Franz Josef Strauß gegen die Behauptung in Schutz nahm, »so etwas wie eine bedenkliche NS-Vergangenheit besessen zu haben«. Er, Kirst, wisse, »daß Herr Strauß absolut eindeutig zu den erklärten Gegnern des Nationalsozialismus gehörte«, dies allerdings zeitlich stark begrenzt. Denn – so Kirst – »ich bin Herrn Strauß, was nunmehr wie ein vielleicht nicht ganz unbedeutender zeitgeschichtlicher Vorgang anmuten mag, *in den letzten Wochen des Zweiten Welt-*

krieges und in den Monaten danach mehrfach begegnet.«
Strauß war also, was niemand bezweifelt, in den letzten Kriegswochen, als die unausweichliche Niederlage und der bevorstehende Untergang der Nazi-Diktatur für jedermann erkennbar geworden war, »absolut eindeutiger« Nazigegner geworden. Und das blieb er auch, wie Kirst ja aus eigener bitterer Erfahrung wußte, in den ersten Monaten nach Kriegsende.
Diese vom Mai 1945 an gänzlich ungefährliche, »absolut eindeutige« Nazigegnerschaft des ehemaligen NS-»weltanschaulichen Referenten« und »Offiziers für wehrgeistige Führung« kam dem nunmehrigen Landrat-Stellvertreter und CIC-Dolmetscher Strauß jedoch rasch abhanden und wich reinem Zweckmäßigkeitsdenken. Dies um so mehr, als bald für jedermann erkennbar wurde, daß das amerikanische Besatzungsregime in Bayern unter General George Patton von der sogenannten »Entnazifierung« wenig hielt. Für den wilden Antisozialisten Patton war die Aufrechterhaltung der bestehenden Gesellschaftsordnung vorrangig. Reiche Leute mußten glimpflich behandel werden; hohe Beamte, die stets nur ›ihre Pflicht erfüllt‹ hatten, wurden wieder eingesetzt. Mit aller Strenge verfolgt wurden nur die kleinen Leute, die Handlanger und ›ausführenden Organe‹. Als Patton am 22. September 1945 in Bad Tölz sogar öffentlich erklärte: »Die Entnazifizierung hemmt den Aufbau«, man brauche die alten Fachleute, und das ganze Problem sei ohnehin eine maßlose Aufbauschung, wurde er von General Eisenhower, dem Oberkommandierenden in Europa, strafversetzt, und auch der ganz in Pattons Sinn handelnde bayerische Ministerpräsident Fritz Schäffer wurde amtsenthoben. Aber die einmal fehlgeleitete Ent-

wicklung ließ sich nicht mehr vollständig korrigieren, zumal die Militärregierungen in den Landkreisen Pattons Politik fortsetzten, richtiger: fast ungehindert fortsetzen ließen, und zwar zunächst von ihren deutschen Gehilfen in den sogenannten »Spruchausschüssen«.

Im Landkreis Schongau war es Franz Strauß, der als geschäftsführender Vorsitzender des Spruchausschusses als Vollzugsorgan der Besatzer, insbesondere seines Freundes, des CIC-Chefs Ernest F. Hauser, darüber zu befinden hatte, wer einen ihn von jeder Verstrickung mit dem Naziregime reinigenden »Persilschein« erhielt und wer nicht.

Wegen dieser Funktion wurde Strauß später von seinen politischen Gegnern heftig angegriffen. Im Bundestag beschuldigte ihn 1955 der damalige SPD-Abgeordnete Arno Behrisch, Strauß habe »als Spruchkammer-Vorsitzender die kleinen PGs gepiesackt« und seinen Landsleuten den Militarismus ausgetrieben, dem er sich nunmehr selbst verschrieben habe. Strauß wies daraufhin eine von der bayerischen Staatsregierung ausgestellte Bescheinigung vor, worin es hieß: »Herr Bundesminister Franz Josef Strauß war in Bayern nie Vorsitzender einer Spruchkammer oder Berufungskammer. Er war auch nie öffentlicher Kläger, es fehlen auch alle Anhaltspunkte dafür, daß er als Beisitzer bei einer Spruch- oder Berufungskammer eingesetzt war.« Dem Wortlaut nach stimmte das, denn Strauß war nicht Spruchkammer-Vorsitzender, sondern der eines Spruchausschusses, aus dem später die Spruchkammern hervorgingen, aber Strauß hat dennoch die Unwahrheit gesagt, weil er ja den wahren Sachverhalt genau kannte. Diese Kunst, sich an Worte zu klammern, um sich an leidigen Tatsachen vorbeizumogeln, entwickelte Strauß im Laufe seiner politischen Laufbahn zur Perfektion.

Diese Laufbahn nahm im Herbst 1945 von Schongau aus und gefördert von First Lieutenant Ernest F. Hauser ihren Anfang. Zunächst wurde Franz Strauß, nachdem ein Beitritt zu anderen Parteien in Erwägung gezogen worden war, Mitglied Nr. 2 der von Landrat Franz Xaver Bauer (Nr. 1) und einigen weiteren Honoratioren für den Landkreis Schongau gegründeten Christlich Sozialen Union (CSU).

Der Gedanke, eine solche christliche Partei zu gründen, stammte nicht aus Schongau, auch nicht aus München. Die Idee, ein neues großes Sammelbecken aller nicht von den Sozialdemokraten, den damals noch starken Kommunisten oder den Liberalen erfaßten bürgerlichen und bäuerlichen Schichten zu schaffen, entsprach den Wünschen amerikanischer Wirtschaftsführer. Sie wollten damit verhindern, daß die durch den Zusammenbruch der faschistischen Diktaturen orientierungslos gewordenen mittelständischen Bevölkerungsgruppen Europas für den Sozialismus gewonnen würden.

Im Gegensatz zur Zentrumspartei und zur Bayerischen Volks-Partei der Weimarer Zeit, die katholisch ausgerichtet waren, sollte die neue Union in den vier Besatzungszonen Deutschlands überkonfessionell sein. In Bayern, wo starke föderalistische Strömungen zu berücksichtigen waren, bekam die neue Union einen anderen Namen als im übrigen Deutschland und einen selbständigen Landesvorstand. Erster Vorsitzender der CSU in Bayern wurde der Rechtsanwalt Dr. Josef Müller, der seit seiner Schulzeit auf dem erzbischöflichen Knabenseminar zu Bamberg wegen seiner kleinbäuerlichen Herkunft »Ochsensepp« genannt wurde.

Dieser »Ochsensepp«, eine ungewöhnlich schillernde

Persönlichkeit, war im Zweiten Weltkrieg der Verbindungsmann zwischen der militärischen Abwehr und dem Vatikan gewesen, hatte aber auch gute Beziehungen zu hohen SS-Führern sowie zu alliierten Geheimdiensten unterhalten. Gegen Kriegsende war er von der Gestapo wegen seiner Kontakte zu den Verschwörern vom 20. Juli 1944 verhaftet worden. Doch dank seiner glänzenden Verbindungen nach allen Seiten war er mit dem Leben davongekommen.

Die Stellung des »Ochsensepp« an der Spitze der bayerischen CSU war nicht unumstritten. Er hatte zahlreiche Rivalen aus dem katholisch-konservativen wie aus dem antiklerikalen, bäuerlich-partikularistischen Lager. Deshalb brauchte er dringend eine eigene Hausmacht, und zu diesem Zweck scharte er zunächst einen Kreis junger Männer mit organisatorischen und sonstigen Talenten um sich. Auf den Schongauer Landrats-Stellvertreter Franz Strauß wurde der »Ochsensepp« im Spätherbst 1945 aufmerksam, teils wegen dessen guten Beziehungen zum US-Geheimdienst, teils wegen des Rednertalents, das Strauß einige Wochen zuvor auf einer Bauernversammlung bewiesen hatte. Er forderte Strauß auf, ihn bei nächster Gelegenheit zu besuchen.

Beim »Ochsensepp« lernte Franz Strauß eine ganze Reihe von jungen Männern kennen, die als gelehrige Schüler des großen Meisters Dr. Josef Müller von diesem zunächst mit den Grundregeln des richtigen Politikerverhaltens vertraut gemacht wurden, später mit allen Finessen des Geschäfts, das der alte Fuchs perfekt beherrschte. Sie lernten auch, daß es, dem Philosophen Max Weber zufolge, für den Politiker die Alternative gibt, entweder *für* die Politik oder aber *von der* Politik zu leben. Franz Strauß entschloß sich, die zweite Möglichkeit zu wählen.

Das galt auch für die meisten anderen jungen Leute des »Ochsensepp«, zu denen die Juristen Dr. Friedrich Zimmermann, Dr. Peter Deeg, Rechtsanwalt Hartwig Cramer, Rechtsanwalt Dr. Richard Thiermann, Dr. Weiß aus Kissingen, Rechtsanwalt Dr. Otto Lenz (der aus Berlin nach München gekommen war) und Achim Oster, ein Sohn des von den Nazis hingerichteten Abwehr-Obersten Hans Oster, gehörten.

Es ist gewiß kein Zufall, daß alle diese und einige weitere Freunde aus dem Kreis um den »Ochsensepp« später in die eine oder andere der vielen Affären verwickelt waren, die den Aufstieg des Franz Strauß begleiteten. Doch nur Strauß selbst – und in seinem Schatten sein engster Vertrauter, Dr. Friedrich Zimmermann – konnten sich dabei, trotz immer mehr Flecken auf der Weste, höher und höher rangeln.

Die erste Sprosse der Leiter zu politischem Erfolg erklomm Franz Strauß bereits im Frühjahr 1946, als er bei den ersten Kommunalwahlen erfolgreich für das Amt des Landrats von Schongau kandidierte. Franz Xaver Bauer hatte dem Jüngeren den Weg freimachen müssen. Des alten Landrats Tochter aber, Ermelinde Bauer, blieb noch jahrelang engste Mitarbeiterin und Vertraute von Strauß, erst im Landratsamt, später als Chefsekretärin des zum Minister in Bonn aufgestiegenen Nachfolgers ihres Vaters.

Aber bis dahin war es noch ein weiter Weg, und im Winter 1945/46 ahnte niemand, daß Bonn einmal westdeutsche Hauptstadt und Strauß dort ein Mann von großem Einfluß werden würde. Landrat Franz Strauß war deshalb zunächst darauf bedacht, das bislang Erreichte abzusichern. Er strebte, neben dem politischen Amt, eine Versorgungsgarantie an. Im Frühjahr 1946 schaffte er das

auch: Er wurde – zum zweitenmal – Beamter. Im Mai 1946 übernahm er als Regierungsrat das Jugendreferat im bayerischen Kultusministerium, an dessen Spitze Dr. Alois Hundhammer stand, Mitbegründer der CSU und als Führer des ultrakonservativen, erzkatholischen Flügels dieser Partei der stärkste Rivale des »Ochsensepp«.
Von Hundhammer, der als ältestes von dreizehn Kindern eines armen Moosbauern geboren, in Klosterschulen erzogen und Ritter, später sogar Statthalter, des Ordens vom Heiligen Grabe war, stammte der politische Leitsatz: »Die Staatsauffassung des Papstes ist die Staatsauffassung der bayerischen Staatsregierung«.
Auf dem ersten Landesparteitag der CSU am 31. März 1946 in Bamberg hatte Hundhammer versucht, seine politischen Vorstellungen durchzusetzen: Er wollte an die Tradition der Bayerischen Volkspartei anknüpfen, die CSU auf katholisch-klerikalen Kurs bringen und die Eigenständigkeit des Freistaats dadurch betonen, daß Bayern einen eigenen Staatspräsidenten erhalten sollte.
Bei der Wahl des Landesvorsitzenden kandidierte Dr. Alois Hundhammer gegen Dr. Josef Müller. Es war dann der Delegierte Franz Strauß aus Schongau, der sich »als Vertreter der Frontgeneration«, wie er sich nannte, für seinen Lehrmeister, den »Ochsensepp« ins Zeug legte. »Wir Jungen haben kein Verständnis dafür, daß die historischen Unterschiede aufrechterhalten werden sollen. Wir erwarten, daß die Sammlungsidee unserer Partei nicht angetastet wird«, erklärte er in dieser Rede, mit der er den Sieg des »Ochsensepp« sicherte.
Damit allerdings hielt Strauß seine Verpflichtungen gegenüber seinem politischen Ziehvater für erfüllt. Als sich der »Ochsensepp« drei Jahre später in eine Geldaffäre verstrickte und durch finstere Intrigen als Parteivorsit-

zender gestürzt wurde, rührte Strauß keinen Finger mehr für seinen Gönner, (dem er, neben vielem anderen, auch den zweiten Vornamen verdankt. »Den Josef«, so wußte sich der »Ochsensepp« später zu erinnern, »den haben wir dazugetan, weil's gemütlicher klingt ...«)

Dr. Josef Müller hatte, ehe er stürzte, seinem gelehrigsten Schüler den Posten des Generalsekretärs der bayerischen CSU verschafft. Im selben Jahr 1948 war Strauß auch in den Frankfurter Zweizonen-Wirtschaftsrat delegiert worden, der 1947 auf alliierte Anordnung hin gebildet worden war, um den ersten westdeutschen Verwaltungsbehörden eine parlamentarische Kontrollinstanz beizugeben. Im Sommer 1949 schließlich, als aus den drei westlichen Besatzungszonen die Bundesrepublik Deutschland entstand, kandidierte der Landrat von Schongau, Oberregierungsrat Franz Strauß, im oberbayerischen Wahlkreis Weilheim für den ersten Bundestag und erhielt ein Direktmandat.

Übrigens, der Titel – noch nicht das Gehalt – eines Oberregierungsrats war ihm durch Ministerialerlaß zugestanden worden, nachdem Strauß zum Leiter des – eigens für ihn geschaffenen – bayerischen Landesjugendamts ernannt worden war. Um dann auch die vollen Bezüge zu erhalten, legte der Abgeordnete Strauß 1953, kurz vor dem Ende der Legislaturperiode, sein Bundestagsmandat nieder und meldete sich in München zum Dienst zurück. Er wurde sogleich befördert und nach erneuter Wahl ins Parlament auch wieder beurlaubt – ein den Stil seiner auf Pfründenwirtschaft spezialisierten Partei charakterisierendes Verfahren, das Strauß den Anspruch auf eine Oberregierungsrats-Pension sicherte und später von seinem engsten Vertrauten, Dr. Friedrich Zimmermann, erfolgreich nachgeahmt wurde.

Die beiden »trickreichen Unzertrennlichen«, wie ihr

Lehrmeister, der »Ochsensepp«, sie einmal genannt hat, mußten im September 1949 vorübergehend ihren engen persönlichen Kontakt lockern. Strauß ging als Abgeordneter nach Bonn, ein Wegbereiter auch für Zimmermann; der blieb in München und hielt dort die Stellung, auch für Strauß.

Wie man Minister wird

Als Strauß im Spätsommer 1948 nach Bonn, dem vorläufigen Sitz des Bundestags, abreiste, atmeten viele seiner in Bayern zurückbleibenden Parteifreunde erleichtert auf. Der »Ochsensepp«-Schüler war ihnen allzu ehrgeizig, zudem ein gefährlicher Demagoge. Ausgerechnet dieser mit dem CIC-Mann Hauser so intim befreundete Strauß hatte im Wahlkampf kräftig gegen die Amerikaner gewettert. »Wir sind kein Experiment für demokratisierwütige Besatzungsoffiziere!«, war von ihm auf Wahlversammlungen zu hören gewesen, und mit deutlichem Bezug auf die Deutschlandpolitik der Westmächte hatte er erklärt: »Wir Deutschen haben zwar den Krieg verloren, aber nicht den Verstand!«
Größte Erfolge errang er, wenn er den Leuten mit großem Pathos zurief: »Wer noch einmal ein Gewehr in die Hand nimmt, dem soll die Hand abfaulen!« oder gar erklärte: »Wir haben keine Lust, mit unserem Blut die Grenze zu verteidigen, die die Dummheit der anderen geschaffen hat.« Dergleichen hörte das Publikum gern, das die Leiden des Kriegs noch in frischer Erinnerung hatte.
Mitunter schlug der vor Bauern sehr schlicht und in breitem Dialekt, vor Bürgern sehr hochgestochen redende Strauß aber auch ganz andere, auf die Frömmigkeit der Stammwähler berechnete Töne an. Vor dem CSU-Landesausschuß sprach er den heftig einander befehdenden Vertretern der zerstrittenen Parteiflügel ins Gewissen: »Wir haben den Namen unserer Partei verflochten und

verknüpft mit dem Begriff des Christentums. Wenn unsere Partei zerbricht, zerfällt auch äußerlich in seinen Erscheinungsformen, in seinen Wirkungsformen das Christentum in uns. Hier müssen wir uns unserer Verantwortung vor Gott bewußt sein.«

Kaum hatte sich der erste Bundestag konstituiert, begann der außerhalb der bayerischen CSU noch ganz unbekannte Abgeordnete Strauß mit dem zügigen Ausbau seiner neuen Position. Auf seinen Vorschlag hin schlossen sich die 24 CSU-Abgeordneten in Bonn zu einer ›Landesgruppe‹, einer Fraktion innerhalb der Unionsfraktion, zusammen. Landesgruppen-Vorsitzender wurde zunächst Fritz Schäffer, und Strauß reklamierte für sich als Generalsekretär der Partei den stellvertretenden Vorsitz. Aber kaum war Adenauer zum ersten Bundeskanzler gewählt worden – mit einer Mehrheit von nur einer Stimme, die nur dadurch zustandegekommen war, daß außer Adenauer selbst auch ein Abgeordneter der oppositionellen Bayernpartei mit der Regierungskoalition aus CDU/CSU, FDP und rechten Gruppen gestimmt hatte –, da wurde Schäffer Bundesfinanzminister, und Strauß konnte zum Landesgruppenvorsitzenden aufrücken. Damit fiel ihm automatisch auch der für Schäffer reservierte Platz im Fraktionsvorstand der CDU/CSU zu. Als einer der jüngsten Abgeordneten im ersten Nachkriegsparlament wurde er stellvertretender Vorsitzender der Unionsfraktion, zudem Vorsitzender eines auf seinen Vorschlag hin gegründeten Ausschusses für Jugendfürsorge.

Selbst bei der ersten Kabinettsbildung hatte er schon mitreden dürfen. Als CSU-Generalsekretär hatte er von Adenauer gefordert, auf keinen Fall die Bayernpartei mit in die Regierungskoalition zu nehmen, denn diese machte damals der CSU mit populären, die Eigenständigkeit des

Freistaats betonenden Parolen ernsthafte Konkurrenz. Dem Einwand Adenauers, daß dann die Basis der Regierung im Parlament allzu schmal werden könnte, begegnete er mit dem Versprechen, etwa fehlende Stimmen durch seine ausgezeichneten persönlichen Beziehungen zu dem einen oder anderen Bayernparteiler zu ›beschaffen‹.
Tatsächlich stand Strauß bereits seit 1947 in freundschaftlichem Kontakt zu Anton Donhauser, der damals gerade von der CSU zur Bayernpartei übergetreten war und nun der Bundestagsfraktion der BP angehörte. Donhauser, von Beruf Bauingenieur, war dann in der BP rasch aufgestiegen und deren stellvertretender Landesvorsitzender geworden. Damit hatte Strauß einen direkten Draht zur Parteispitze der CSU-Konkurrenz und zu einem der oppositionellen Wortführer im Bundestag, was sich für die CDU/CSU als sehr vorteilhaft erweisen sollte.
Zu den ersten wichtigen Entscheidungen des Bundestags nach der Kanzlerwahl gehörte im Winter 1949/50 die Klärung der Hauptstadt-Frage. Ursprünglich waren sich fast alle Politiker darin einig gewesen, daß nur Frankfurt am Main als vorläufiger Sitz des Parlaments und der Regierung des neuen westdeutschen Staates infrage kam. Konrad Adenauer hatte indessen andere Pläne, und inzwischen war es ihm gelungen, sich in der Regierungskoalition mit seinem Wunsch weitgehend durchzusetzen, die nahe seinem Wohnsitz in Rhöndorf gelegene, linksrheinische und gutkatholische Kreisstadt Bonn zur – natürlich nur »provisorischen« – Bundeshauptstadt zu machen.
Gerade die Tatsache, daß sich Bonn gar nicht zur Hauptstadt eignete, würde – so argumentierte der Kanzler listig – die Vorläufigkeit solcher Wahl unterstreichen und den unbeugsamen Willen zur Wiedervereinigung Deutsch-

lands mit Berlin als endgültiger Hauptstadt für jedermann deutlich machen. Dagegen hätte die Entscheidung für Frankfurt, das alle Voraussetzungen für eine Bundesmetropole erfüllte, etwas Definitives, das es unbedingt zu vermeiden gelte.
Dennoch war es zunächst keineswegs sicher, daß sich im Bundestag eine Mehrheit für Bonn finden würde. Zur allgemeinen Überraschung stimmten aber dann etliche Bayernparteiler, entgegen einem unmittelbar zuvor gefaßten Fraktionsbeschluß, für Bonn als Hauptstadt, und damit war die Frage entschieden. Die Gegner dieser Lösung fügten sich als gute Demokraten dem Mehrheitsvotum, und als sie entdeckten, daß die Entscheidung für Bonn auf ganz undemokratische, höchst anfechtbare Weise zustandegekommen war, gab es kein Zurück mehr.
Immerhin: Ein 18köpfiger parlamentarischer Untersuchungsausschuß, der erste in der bundesrepublikanischen Geschichte, förderte einiges zutage: Die BP-Bundestagsabgeordneten Anton Donhauser und Hermann Aumer sowie weitere Mitglieder der BP-Fraktion, die alle entgegen vorheriger Absprache für Bonn votiert hatten, waren in finanziellen Schwierigkeiten gewesen. Sie hatten sich über ihre Geldmisere freimütig geäußert, und zwar ausgerechnet gegenüber dem Generalsekretär ihrer Konkurrenzpartei, der CSU, Franz Strauß, dessen Name nun erstmals in der außerbayerischen Presse auftauchte. Strauß – so *Der Spiegel*, der die Affäre ans Licht gebracht hatte – sollte sich voller Verständnis für die Nöte der Bayernparteiler gezeigt und ihnen versprochen haben, mit seinem Parteifreund,, Bundesfinanzminister Fritz Schäffer, darüber zu sprechen. Schäffer konnte den Geldbedürftigen dann auch wirklich behilflich sein, und zwar

mit nichtverbrauchten Mitteln aus dem Wahlkampffonds der Union. Hermann Aumer berichtete später ohne Scheu, um welche Beträge es sich gehandelt habe: »Je etwa 20000 DM für jene, die mitzureden hatten, 10000 DM für die Einflußreichen und je 1000 DM für die anderen«, die einflußlosen Hinterbänkler. Er selbst gehörte wohl zu den »Mitredenden«, denn er kassierte insgesamt 21500 DM – ein für damalige Verhältnisse sehr üppiges Almosen. Ein ursächlicher Zusammenhang dieser Zuwendungen mit dem Sinneswandel der Empfänger in der Hauptstadtfrage konnte nicht mit letzter Sicherheit nachgewiesen werden.

Übrigens, noch im Laufe der ersten Legislaturperiode schieden Anton Donhauser und elf weitere Abgeordnete aus der BP-Fraktion aus und schlossen sich der CSU-Landesgruppe des Franz Josef Strauß an, und wiederum ergab sich bald darauf, daß den Überläufern mancherlei finanzielle Unterstützung aus CSU-Kreisen zuteilgeworden war. Strauß-Spezi Anton Donhauser mußte später wegen einer rechtskräftigen Verurteilung in einem Betrugsverfahren aus der CSU ausgeschlossen werden, aber der durch seine Machenschaften schwer angeschlagenen Bayernpartei war damit nicht geholfen. Ihre Reste wurden 1957/58 in der sogenannten »Spielbanken-Affäre« politisch – und, was den BP-Führer Geislhöringer betraf, auch physisch – vernichtet. Der Vorsitzende des Untersuchungsausschusses, der Korruption bei der Vergabe von Lizenzen für Spielbanken in Bayern aufdecken sollte, war Dr. Alois Hundhammer. Er ließ die beiden BP-Führer August Geislhöringer und Josef Baumgartner in eine Falle tappen und eine für die Aufklärung nebensächliche Aussage – von der Hundhammer bereits wußte, daß sie nicht der Wahrheit entsprach – beeiden. Die biederen

Bayernparteiler wurden daraufhin später zu harten Freiheitsstrafen verurteilt; Geislhöringer starb im Zuchthaus. Der Bundesgerichtshof, der schließlich die Urteile aufhob, rügte Hundhammer, er habe seine politischen Gegner vorsätzlich falsch schwören lassen, »um eine Handhabe zur Auschaltung« dieser lästigen CSU-Konkurrenz »zu gewinnen«.

Ebenfalls in Zusammenhang mit den Anstrengungen der CSU, die Bayernpartei durch die »Spielbanken-Affäre« zu vernichten, mußte sich 1960 auch der engste Vertraute von Franz Josef Strauß, Rechtsanwalt Dr. Friedrich Zimmermann, wegen Falscheids vor einer Strafkammer verantworten; er hatte gegen den BP-Vorsitzenden Baumgartner gerichtete unwahre Aussagen vor Gericht beschworen.

In erster Instanz wurde Friedrich Zimmermann schuldig gesprochen und zu einer Freiheitsstrafe verurteilt. Im Revisionsverfahren hielt das Gericht dem Juristen Zimmermann für seine »objektiv falschen Zeugenaussagen« den »latenten Krankheitszustand« und eine »hierdurch verminderte geistige Leistungsfähigkeit« zugute. Friedrich Zimmermann wurde aus Mangel an Beweisen freigesprochen. Unter dem Aktenzeichen 15 KLs 2/60 V 104/61 bescheinigte die Strafkammer ihm ausdrücklich: »Es kann keine Rede davon sein, daß die Unschuld des Angeklagten erwiesen wäre ... Der Angeklagte hat als Zeuge ... gewagt und gefährlich geantwortet. Er hat mit dem Feuer gespielt.« »Angesichts des weiter bestehenden erheblichen Tatverdachts« mußte Zimmermann seine Verteidigungskosten selbst tragen.

Nach der Zerschlagung der Bayernpartei konnte die CSU-Landesgruppe mit 52 (zuvor nur 25) Abgeordneten in den 1953 gewählten zweiten Bundestag einziehen; sie hatte in Bayern mehr Mandate errungen als die FDP im ganzen Bundesgebiet, und Franz Josef Strauß war entschlossen, damit gegenüber Konrad Adenauer aufzutrumpfen und das Beste für sich herauszuholen.

Adenauer, der einsah, daß an dem hemdsärmeligen und von brennendem Ehrgeiz besessenen Strauß kein Weg mehr vorbeiführte, bot ihm das Familienministerium an. Strauß, damals noch Junggeselle,, verzichtete dankend. »Das entspricht nicht meinem Familienstand«, soll er erläuternd hinzugefügt haben. Auch Adenauers nächstes Angebot, das Verkehrsministerium, lehnte Strauß ab, denn das hätte ihm in jenen Jahren des mühsamen Wiederaufbaus viel Arbeit, aber wenig Ruhm eingebracht, und für eine sorgfältige Karriereplanung bot dieses Ressort keine gute Basis.

Schließlich akzeptierte Strauß ein drittes Angebot des Kanzlers, als Bundesminister für Sonderaufgaben, ohne Geschäftsbereich, ins Kabinett einzutreten. Dieser mit keinerlei Arbeit verbundene Posten entsprach genau seinen Wünschen; der Ministerrang steigerte sein Selbstbewußtsein ins Grenzenlose, und so nahm er denn auch im Bundestag sofort nach seiner Vereidigung in der ersten Reihe auf der Ministerempore Platz, obwohl dort nur der Kanzler und die Inhaber der klassischen Ressorts zu sitzen pflegen. Bei der nächsten Sitzung des Parlaments sah sich Strauß denn auch auf die hintere Sitzreihe zurückverwiesen, aber er war fest entschlossen, bald wieder ganz vorn seinen Platz einzunehmen. Kaum mehr als zweieinhalb Jahrae später war es dann soweit.

Sein ganzes Sinnen und Trachten war vom Beginn seiner Ministerkarriere an darauf gerichtet, sein glanzloses Amt, dessen gesamter behördlicher Apparat aus Ermelinde

Bauer, seiner Sekretärin, bestand, gegen das des künftigen Bundesverteidigungsministers und Oberbefehlshabers der in Kürze aufzustellenden Bundeswehr einzutauschen. Zwar war ein anderer dafür vorgesehen, nämlich Theodor Blank, der seit Oktober 1950 »Beauftragter der Bundesregierung für alle mit der Verstärkung der alliierten Besatzungstruppen zusammenhängenden Fragen« war. Hinter dieser Bezeichnung verbarg sich Blanks wirklicher Auftrag: die Vorbereitung der Wiederbewaffnung, gegen die die Mehrheit der westdeutschen Bevölkerung sich noch energisch sträubte. Gustav Heinemann, damals noch Mitglied der CDU und Bundesinnenminister, war bereits aus Protest gegen Adenauers Wiederaufrüstungspläne Ende 1950 zurückgetreten, und nicht nur die sozialdemokratische Opposition, sondern auch der damals noch starke linke Flügel der CDU, leistete hartnäckigen Widerstand gegen die feste Absicht des Kanzlers, neu aufzustellende westdeutsche Streitkräfte in ein westliches Paktsystem zu integrieren. Deshalb war Theodor Blank, ein redlicher christlicher Gewerkschafter, von Adenauer zum heimlichen Rüstungsminister ausgewählt worden; er sollte beschwichtigend auf die Kritiker aus den eigenen Reihen wirken.
Für den ehrgeizigen Strauß galt es offenbar als wichtigste Aufgabe, Theodor Blanks Position zu untergraben und ihn dann zu stürzen sowie gleichzeitig Adenauers Abneigung dagegen zu überwinden, ihn mit Blanks Ressort zu betrauen. Wiederholt hatte Adenauer dem ungestümen jungen Bayern versichert: »Solange ich Bundeskanzler bin, werden Sie, Herr Strauß, nicht Verteidigungsminister!«
Wie Strauß zu Werke ging, sein Ziel dennoch zu erreichen, ist geradezu ein Musterbeispiel für politische Intri-

ge übelster Art. Dabei halfen ihm vor allem alte Freunde aus dem Kreis der jungen Leute um den »Ochsensepp«, in erster Linie sein Freund Achim Oster, der als Spionageabwehrchef im Amt Blank über beste Informationen verfügte. Oster führte Strauß einen weiteren Gehilfen zu, nämlich den für die Abteilung Luftwaffe im ›Amt Blank‹ zuständigen General Josef Kammhuber, einen Bayern aus dem Landkreis Altötting, der keine Skrupel zu haben schien, Strauß gegen seinen Chef Blank behilflich zu sein. Mit den genauen Details von jeder Panne, die im ›Amt Blank‹ zu verzeichnen war, konnte Strauß in der CDU/CSU-Fraktion Stimmung gegen den ungeliebten Theodor Blank machen. »Ich muß in Zukunft mal andere Worte gebrauchen, sonst merkt der Blank immer gleich, daß ich's vom Kammhuber habe«, witzelte Strauß damals.
Blanks Verteidigungskonzept – eine in vier Jahren aufzubauende Bundeswehr in Stärke von 500000 Mann mit ausschließlich konventionellen Waffen – wurde von Strauß indessen nicht nur parteiintern kritisiert. Vielmehr wetterte der junge Bundesminister ohne Geschäftsbereich, der sich selbst häufig als »Sonderminister des Bundeskanzlers Dr. Adenauer« ankündigen ließ, in zahlreichen öffentlichen Reden gegen dieses »unmögliche Konzept des Herrn Blank«. In Zeitungsartikeln plädierte er für eine mit Raketen und Atomwaffenträgern ausgerüstete Streitmacht. Seine Freunde setzten das Gerücht in Umlauf, »der arme Theo Blank« sei ein todkranker Mann, seiner schweren Aufgabe längst nicht mehr gewachsen und nur noch eine Belastung.
Nach diesen Vorbereitungen trat als nächster Dr. Friedrich Zimmermann auf den Plan. Er hatte die Nachfolge von Strauß als Generalsekretär der CSU angetreten und war inzwischen auch stellvertretender Vorsitzender der

Jungen Union geworden, deren Bundeskongreß in Travemünde bevorstand. Zimmermann sorgte dafür, daß in Travemünde der CSU-Bundestagsabgeordnete Dr. Richard Jaeger, ein ehemaliger Max-Schüler und Klassenkamerad von Franz Strauß, dem dieser den für seinen Plan so wichtigen Vorsitz im Verteidigungsausschuß verschafft hatte, als Hauptredner auftrat.

Was Jaeger in Travemünde dann ausführte, veranlaßte die erschütterten Delegierten der Jungen Union, sofort eine Entschließung zu verabschieden, in der der Rücktritt Theodor Blanks noch vor Ablauf der Legislaturperiode gefordert wurde. Einer Pressemeldung zufolge sagte daraufhin Dr. Richard Jaeger zu Dr. Friedrich Zimmermann: »Daß meine Rede und dein Kongreß und die Resolution bloßer Zufall sind, nimmt uns niemand ab.« Doch das war auch gar nicht mehr nötig.

Inzwischen war es ein offenes Geheimnis, daß die bayerische CSU einträchtig an Blanks Ministersessel sägte – die einen, weil sie sich von Franz Josef Strauß als Nachfolger in diesem Amt fette Pfründen für sich und ihre Freunde erhofften, die anderen, weil sie Strauß ganz fest eingespannt in ein Bonner Ressort sehen wollten, um in Bayern Ruhe vor ihm zu haben. Zu den letzteren gehörte der damalige CSU-Vorsitzende Hanns Seidel, der der Presse in München erklärte: »Da Theodor Blank sich im Dienst für das Vaterland verzehrt hat, wird eine neue Kandidatur Blanks für das Verteidigungsministerium nach der nächsten Bundestagswahl (1957) von der CSU abgelehnt.«

Adenauer sträubte sich aber noch dagegen, Blank fallenzulassen und durch Strauß zu ersetzen. Im »Bulletin« der Bundesregierung ließ er veröffentlichen, daß er »eine Verlagerung des Schwergewichts zugunsten der Atomwaffen vorerst für verfehlt halte.« Das war deutlich gegen den – inzwischen zum Atomminister avancierten Strauß gerichtet. Der setzte sich ja in ständiger Überschreitung seiner Kompetenz für eine atomare Bewaffnung der Bundeswehr ein. Minister Strauß, für militärische Fragen zwar gar nicht zuständig, aber eifrig bemüht, seine glänzenden Beziehungen zu den Amerikanern unter Beweis zu stellen, übermittelte dem Bundeskanzler im Gegenzug den Wunsch des US-Luftwaffenministers Quarles, ein Gespräch mit Adenauer zu führen. Quarles wurde im Palais Schaumburg empfangen und riet dem verdutzten Kanzler zu schleuniger Korrektur der bundesdeutschen Rüstungspläne, so wie Atomminister Strauß sie bereits empfohlen habe.

Während dann die Strauß-Freundesriege die umlaufenden Gerüchte, Blank sei krank, amtsmüde und tief enttäuscht vom geringen Rückhalt, den er bei Adenauer habe, kräftig anheizten, holte Strauß zum letzten Tiefschlag aus. Über Herbert Blankenhorn, Adenauers NATO-Botschafter in Paris, ließ er dem Kanzler melden, bei den Verbündeten beginne man an der Vertragstreue Bonns zu zweifeln, weil Verteidigungsminister Theodor Blank einesteils mit der zugesagten Aufrüstung stark im Rückstand sei, andernteils nichts zu unternehmen scheine, diesen Mangel zu beheben.

Damit war Blanks politisches Schicksal besiegelt, denn das Vertrauen der Westalliierten und die über jeden Zweifel erhabene Bündnistreue Bonns waren in Adenauers politischem Konzept der vollständigen Westintegration der Bundesrepublik die tragenden Pfeiler. So trennte er sich eilig von dem Minister Blank, und am 16. Oktober 1956 wurde Franz Josef Strauß zum neuen Bundesverteidigungsminister ernannt. Es war ihm gelungen, sich zum Oberbefehlshaber der jungen Bundeswehr emporzurangeln.

Strauß als Bundesverteidigungsminister »auf den Grundlagen von Sitte und Recht«

»Mit der Ernennung zum Verteidigungsminister habe ich die Befehls- und Kommandogewalt über die Bundeswehr übernommen. Tut alles, was in Euren Kräften steht, um der Bundeswehr Achtung und Vertrauen bei unserem Volk und im Ausland zu verschaffen. Vermeidet peinlich und sorgfältig jedes Wort und jede Handlung, die diesem Ziel schaden könnte.

Ich habe volles Vertrauen zu Euch, daß Ihr diese Aufgabe meistern werdet. Als Euer Oberster Vorgesetzter verlange ich Vertrauen und Zivilcourage von Euch und sichere Euch jede Unterstützung in der Durchführung der Euch übertragenen Pflichten zu.

Wir sind uns gemeinsam unserer Sache bewußt, weil sich unsere Arbeit auf den Grundlagen von Sitte und Recht vollzieht.

Bonn, 31. Oktober 1956 gez. Franz Josef Strauß«

Mit diesem Tagesbefehl an die Bundeswehr begann Strauß seine Amtsführung als Bundesminister für Verteidigung. Schon einige Tage zuvor, am 7. Oktober 1956, hatte er auf einer Pressekonferenz sein Konzept entwikkelt. Der Kernsatz dieser Erklärung lautete: »Der Aufbau der Bundeswehr, das Tempo der Truppenaufstellung, die Bewaffnung, die Ausrüstung und Unterbringung dürfen nur nach dem Grundsatz ›Qualität vor Quantität‹ vollzogen werden.«

Tagesbefehl und Presseerklärung des mit 41 Jahren jüngsten für die Streitkräfte zuständigen Ministers der deut-

schen Militärgeschichte schienen dafür zu bürgen, daß er sein hohes Amt gewissenhaft und treu, »auf den Grundlagen von Sitte und Recht« verwalten werde.
Doch das Gegenteil war der Fall. Strauß verletzte aufs Gröblichste jeden einzelnen der von ihm aufgestellten Grundsätze. Seine Amtsführung war eine einzige Kette von Machtmißbräuchen, Spezi-Wirtschaft, Skandalen und Affären. Wollte man alles aufführen, was sich der Verteidigungsminister Franz Josef Strauß in den sechs Jahren seiner Amtszeit an Verstößen gegen »Sitte und Recht« leistete und was trotz aller Vertuschungsversuche davon an die Öffentlichkeit drang, so könnte man damit Bände füllen. Es soll indessen hier nur die Rede von einigen wenigen Affären sein, die kennzeichnend für die Charakterschwächen des Franz Josef Strauß sind und unter verschiedenen Aspekten beweisen, daß dieser Mann gänzlich ungeeignet für ein hohes politisches Amt ist.

1. Die Beschaffung des Schützenpanzers HS 30

Zu den ersten wichtigen Amtshandlungen des neuen Verteidigungsministers Strauß gehörte der Abschluß eines Vertrags mit der schweizerischen Firma »Hispano Suiza« auf Lieferung von Schützenpanzerwagen des Typs HS 30.
Gerechterweise sei angemerkt, daß die Verhandlungen mit »Hispano Suiza« schon unter Theodor Blank begonnen hatten. Aber gerade weil Strauß an Blanks Verteidigungskonzept und Amtsführung so heftige Kritik geübt hatte, wäre es seine Pflicht gewesen, die Voraussetzungen zur Auftragserteilung noch einmal gründlich zu überprüfen. Schließlich ging es um den Kern der Bewaffnung der

bundesdeutschen Landstreitkräfte, um die Durchführbarkeit seines Konzepts der sogenannten »Vorwärtsverteidigung« und um gewaltige Summen.
Doch von einer Überprüfung des gigantischen Projekts durch den neuen Verteidigungsminister Strauß konnte überhaupt nicht die Rede sein. Buchstäblich unbesehen gab Minister Strauß den Schützenpanzer HS 30 in Auftrag. Zwischen dem 6. Februar und dem 3. August 1957 bestellte sein Ministerium insgesamt 10680 (zehntausendsechshundertachtzig) Schützenpanzer dieses Typs und leistete vorweg 193 Millionen DM Anzahlung. Weitere zwölf Millinen DM wurden als Vorschuß, der gegen später einmal fällig werdende Lizenzgebühren für bundesdeutsche Nachbauten verrechnet werden sollte, auch noch an »Hispano Suiza« bezahlt. Diese Vorschüsse von zusammen 205 Millionen DM stellten die höchste Summe dar, die bis dahin in Bonn für einen einzelnen Rüstungsauftrag aufgewendet worden war.
Doch alle diese wichtigen Umstände vermochten den verantwortlichen Minister Strauß nicht dazu zu bewegen, auch nur die primitivsten Voraussetzungen dieser Beschaffung zu überprüfen und bis dahin mit dem Vertragsabschluß zu warten. Sein brennender Ehrgeiz, seine Gier nach möglichst vielen modernen Angriffswaffen (denn »Vorwärtsverteidigung« bedeutete ja nichts anderes als offensives Vorgehen) und sein ungezügeltes Machtstreben ließen ihn jegliche Vorsicht vergessen.
Denn – so unglaublich es auch klingen mag – zum Zeitpunkt der Bestellung und Anzahlung gab es noch keinen einzigen Prototyp dieses in einer Stückzahl von mehr als zehntausend fest georderten Schützenpanzers. Erst recht gab es keine »Null-Serie«, ganz zu schweigen von irgendwelchen Erprobungsergebnissen. Es gab nicht einmal

Grund zu der Annahme, daß diese eigentlich selbstverständlichen Voraussetzungen bald gegeben sein könnten. Die Firma »Hispano Suiza« hatte nämlich noch nie einen Schützenpanzer gebaut.

Zehn Jahre später, 1967, als sich die Bundeswehr von dem Fiasko, das sie mit dem »HS 30« erlebte, noch immer nicht erholt hatte, stellte der Bundesrechnungshof in seinem Prüfungsbericht dazu sehr nüchtern fest:

»Der Bundesrechnungshof hat keine Anhaltspunkte dafür gefunden, daß der Beschaffung eine militärisch-technische Planung zugrunde gelegen habe, die auch nur den Anschein der Durchführbarkeit für sich in Anspruch nehmen konnte.«

Und weiter:

> »Der Bundesrechnungshof hat festgestellt, daß die Beschaffung in einer Weise betrieben wurde, die mit den Grundsätzen der Wirtschaftlichkeit nicht in Einklang steht.«

Ferner rügte der Bundesrechnungshof:

> »Die Termine wurden in keinem Falle eingehalten [...] Insgesamt ist festzustellen, daß die Grundlagen der Einführungsgenehmigung für das Programm von 2,5 Milliarden DM nicht mit der gebotenen Gründlichkeit erarbeitet worden sind. Dieser Mangel ist auch nicht mit dem Hinweis auf die angeblich unabdingbare militärische Forderung zur schnellsten Aufstellung der Bundeswehr zu rechtfertigen. Gerade wenn solche Forderungen erhoben werden, ist es erforderlich, die militärischen, technischen, finanziellen und wirtschaftlichen Voraussetzungen besonders eingehend zu prüfen, damit übereilte Maßnahmen vermieden werden, die letzten Endes zu kostspieligen Verzögerungen führen und die Abwehrbereitschaft der Bundeswehr beeinträchtigen. Dies ist versäumt worden [...]«

Und:

»Der Bundesrechnungshof kann nur feststellen, daß nach seiner Ansicht auch ›politische Entscheidungen‹ die Verwaltung nicht dazu berechtigten oder gar zwangen, vermeidbare Ausgaben zu verursachen und die Bundeswehr, wenn auch nur vorübergehend, mit nicht erprobten, unausgereiften und unzulänglichen Waffen auszurüsten.«

Soweit der Bundesrechnungshof in seinem Prüfungsbericht. Gegenüber dem Deutschen Bundestag gab Bundesminister Strauß am 3. November 1958 – in Beantwortung einer kleinen Anfrage der SPD-Fraktion – folgende Erklärung ab:
»Sämtliche Verträge enthalten vorsorglich die Bestimmung, daß der Auftraggeber diese Verträge ohne Angabe von Gründen jederzeit mit sofortiger Wirkung kündigen kann.«
Am 18. Oktober 1966 hingegen erklärte Strauß gegenüber der *Deutschen Presse-Agentur (dpa)*, die HS 30-Lieferverträge hätten »wegen der eindeutigen Rechtslage auf Grund der hohen Schadenersatzansprüche nicht annulliert werden können. Auch sei er damals von niemandem gewarnt worden.«
Eine Woche später, am 25. Oktober 1966, hatte Strauß eine dritte Version anzubieten: »Eine Annullierung der Verträge war wegen der inzwischen veranlaßten Verbesserungen nicht mehr nötig.«
Der Bundesrechnungshof stellte demgegenüber fest:

»Die Erprobungsstelle hatte [...] dem Bundesminister Strauß schon seit Oktober 1957 laufend über Mängel des Fahrzeugs und Schäden [...] berichtet. Wegen der Verzögerungen, die sich daraus auch bei der Erfüllung der Serienaufträge ergaben, setzte der Bundesminister im Mai 1958 eine Untersuchungskommission ein. Auf deren Anregung erhielten zwei Rechtsanwälte im Juni 1958 Auftrag, Gutachten über die

Rechtslage zu erstatten [...] Beide Gutachter kamen zu dem Ergebnis, daß die Bundesrepublik [...] zum Rücktritt vom Vertrag oder zur Forderung von Schadenersatz wegen Nichterfüllung berechtigt sei. Auch stünden ihr Ansprüche wegen Verschuldens bei Vertragsabschluß und positiver Vertragsverletzung zu.«

In voller Kenntnis dieser Rechtslage und der katastrophalen Mängel, die die ersten beiden Prototypen des HS 30 aufzuweisen hatten sowie in voller Kenntnis der Tatsache, daß an einem baldigen Bau, auch nur einer Null-Serie, nicht zu denken war, gab Bundesminister Strauß am 3. November 1958 gegenüber dem Deutschen Bundestag folgende Erklärung ab:
»Es ist beabsichtigt, fünfzig Schützenpanzer – Auslieferung im Dezember 1958 beginnend – bei der Truppe zu erproben [...] vier Monate nach Abschluß des Truppenversuchs werden die Lieferungen aus der Serienproduktion beginnen. Die Gesamtauslieferung wird etwa Frühjahr 1961 abgeschlossen sein.«
Erst einen Monat nach dieser Erklärung ließ Bundesminister Strauß die Firma ›Hispano Suzia‹ am 5. Dezember 1958 fernschriftlich bitten, zur Erörterung der Lage und insbesondere der Liefertermine einen Vertreter nach Bonn zu schicken. Bei dieser Unterredung, die seitens des Verteidigungsministeriums von Ministerialdirektor Dr. Wolfgang Holtz geführt wurde, lehnten es die ›Hispano Suzia‹-Repräsentanten ab, verbindliche Liefertermine zu nennen. Sie verweigerten auch den Einblick in ihre vertraglichen Abmachungen mit der englischen Firma Leyland, die mit dem Bau des HS 30 beauftragt worden war.
Minister Strauß ließ schließlich den Schützenpanzer-Auftrag auf die Höhe der bereits geleisteten Vorauszahlungen kürzen. Aber:

»Im Oktober 1959 legte der Auftragnehmer eine Berechnung vor, in der für Restabgeltung, Änderungskosten und eine Reihe weiterer kleinerer Positionen eine Schlußzahlung von noch rund 80 Millionen DM gefordert wurde«,

heißt es hierzu im Bericht des Bundesrechnungshofs.

Von Anbeginn an war in Presse und Öffentlichkeit der Verdacht geäußert worden, daß die Vergabe des Schützenpanzer-Auftrags an die Firma ›Hispano Suiza‹ von dieser durch Bestechung erlangt worden wäre.

Am 17. Oktober 1958 fragte deshalb die SPD-Fraktion bei der Bundesregierung an:

»Entspricht die Behauptung den Tatsachen, wonach ein damaliges Mitglied des Vorstands der CDU-Bundestagsfraktion für die Lieferfirma bei ihren Vertragsvorbereitungen gegenüber dem Bundesverteidigungsministerium tätig war?«

Für die Bundesregierung antwortete Bundesminister Strauß – unter dem Aktenzeichen VR I 2-01-02-02-04 und dem Datum vom 3. November 1958 – schlicht mit:

»Nein.«

Diese Antwort entsprach nicht der Wahrheit.

Tatsächlich war der Bundestagsabgeordnete Dr. Otto Lenz (Godesberg), von Beruf Rechtsanwalt, einer der jungen Leute des »Ochsensepp« und aus dieser Zeit mit Strauß eng befreundet, bis 1953 Staatssekretär im Bundeskanzleramt und zur fraglichen Zeit Mitglied des Fraktionsvorstands der CDU/CSU, daneben Wahlkampfleiter seiner Partei, zusammen mit seinem Sozius, Rechtsanwalt Fritz Aretz, als Berater und Interessenvertreter des ›Hispano Suiza‹-Generalbevollmächtigten Conrado José Kraémer bei den HS 30-Vertragsvorbereitungen gegenüber dem Bundesministerium der Verteidigung tätig gewesen. Dr. Lenz starb auf mysteriöse Weise am 2. Mai 1957 im Armen-Spital von Cotugno bei Neapel. Nach dem Tode von Dr. Lenz führte sein Sozius Aretz die Verhandlungen mit dem Verteidigungsministerium allein weiter.

Minister Strauß hat im Zusammenhang mit der Beschaffung des Schützenpanzerwagens HS 30 den Deutschen Bundestag noch mehrmals an einer Aufklärung der Hintergründe, insbesondere des Verdachts auf Korruption, durch Unwahrheiten und irreführende Angaben zu hindern versucht.

Im November 1966, nachdem durch Veröffentlichungen in der Zeitschrift *deutsches panorama* die Affäre HS 30 neue Aktualität erlangt und zu parlamentarischen Anfragen geführt hatte, wurde Reichsminister a. D. Gottfried Treviranus nach Bonn gebeten und auf Veranlassung der Staatsanwaltschaft auch richtlich vernommen. Unter Eid bekräftigte er seine schon früher gemachten Aussagen, denen zufolge er dem Bundesminister Strauß im Herbst 1958 einen Besuch abgestattet, ihn auf massive Bestechungen im Zusammenhang mit der Vergabe des Schützenpanzerauftrags aufmerksam gemacht und Strauß eine Liste der bestochenen Beamten und sonstigen Personen übergeben habe. Die Summe der von ›Hispano Suiza‹ gezahlten Bestechungsgelder bezifferte Treviranus mit 18 Millionen DM; allein Dr. Otto Lenz habe mehr als 3 Millionen DM erhalten.

Am 18. November 1966 wurde von der Bundesregierung auf eine Anfrage der SPD-Bundestagsfraktion mit folgendem Wortlaut:

»Hat der ehemalige Reichsminister Gottfried Treviranus 1957 oder 1958 dem Herrn Bundesverteidigungsminister eine Liste mit den Namen von Personen übergeben, die von der Firma ›Hispano Suiza‹ Geld erhalten haben sollen? Wenn ja: Wo befindet sich diese Liste? Welche Namen enthält sie? Wann wurde sie der Staatsanwaltschaft zugeleitet?« laut Bundestagsdrucksache V/1135 wie folgt geantwortet: »Nein.«

In den Vorbemerkungen heißt es in derselben Bundestagsdrucksache zu diesem Punkt:
»Im Herbst 1958 besuchte Reichsminister a. D. Treviranus das Bundesministerium der Verteidigung, um Geschäfte anzubahnen. Ausweislich der Besucherliste besuchte er am 28. Oktober 1958 Minister Strauß [...] Im Gespräch mit Minister Strauß behauptete Reichsminister a. D. Treviranus, der britische Nachrichtendienst sei im Besitz einer Liste von Personen, die im Zusammenhang mit der Beschaffung des HS 30 – wohl für die Partei – Geld erhalten hätten [...] Minister Strauß hat daraufhin Bundeskanzler Adenauer von dem Inhalt seines Gesprächs mit Reichsminister a. D. Treviranus unterrichtet [...] Bundeskanzler Dr. Adenauer hat eine Überprüfung zugesagt und Minister Strauß einige Zeit später die Mitteilung zukommen lassen, die CDU habe nach dem Ergebnis ihrer Überprüfung weder unmittelbar noch mittelbar von der Firma ›Hispano Suzia‹ Geld erhalten [...] Minister Strauß hat weder 1958 noch später eine Liste der angeblichen Zahlungsempfänger erhalten [...]«
Dieser Darstellung, die auf Auskünften des Ministers Strauß beruht, steht nicht nur die beeidete Aussage des Reichsministers a. D. Treviranus vor dem Vernehmungsrichter entgegen, sondern auch eine Aussage des damaligen Staatssekretärs im Bundesverteidigungsministerium, Gumbel, vor dem Bundestag.

Am 29. Oktober 1966 meldete *Die Welt* aus Bonn:
»[...] Vorher hatte Gumbel eingestanden, daß der ehemalige Reichsminister Treviranus im Verteidigungsministerium eine Liste überreicht hat, die die Namen von Personen enthielt, die von der Schweizer Firma Bestechungsgelder angenommen haben sollen.«
Ergänzend sei erwähnt, daß schriftliche Warnungen des Botschafters der Bundesrepublik in Bern, Dr. Holzapfel, an Minister Strauß, die sich zum Skandal ausweitenden Praktiken der ›Hispano Suzia‹-Vertreter und die Beziehungen des Generalbevollmächtigten Kraémer zu östlichen Nachrichtendiensten betreffend, unbeachtet blieben, später von Minister Strauß teils bestritten, teils verharmlost wurden; daß Warnungen und ein ›freundschaftliches Hilfsangebot‹ von amtlicher schweizerischer Seite, Strauß persönlich überbracht von Oberstleutnant Schaufelberger, von Strauß später ebenfalls bestritten und, soweit unbestreitbar, bewußt irreführend dargestellt worden sind und daß der Deutsche Bundestag auch diesen beiden Fällen von Minister Strauß mit einem Gemisch aus Wahrheiten, Halb-, Viertel- und Unwahrheiten bewußt getäuscht worden ist.

Zusammenfassend ist festzustellen, daß der damalige Bundesminister der Verteidigung, Strauß,

- durch die Vergabe des bis dahin größten Rüstungsauftrags an eine dafür absolut ungeeignete Firma, die nicht einmal den Entwurf eines Prototyps oder Erfahrungen im Schützenpanzerbau vorweisen konnte, seine Amtspflichten gröblich verletzt hat;
- daß er die Hauptverantwortung für alle finanziellen und sonstigen Nachteile trägt, die der Bundesrepublik aus dem HS 30-Beschaffungsauftrag erwachsen sind;

- daß er laufend das Parlament bewußt falsch oder bewußt irreführend unterrichtet hat;
- daß er die Kampfkraft und Einsatzbereitschaft der Bundeswehr stark beeinträchtigt, ihren Aufbau um mindestens drei, wahrscheinlich sogar fünf Jahre verzögert und diese Nachteile auch in voller Kenntnis ihres Ursprungs und ihrer möglichen Folgen nicht schleunigst zu beheben, sondern lediglich zu vertuschen versucht hat;
- daß er schließlich seine Amtspflichten auch dadurch gröblich verletzt hat, daß er, als der Verdacht auf Korruption sich konkretisierte, es verabsäumte, die Staatsanwaltschaft zu informieren.

Anzumerken ist, daß die parlamentarische Instanz, die den Verteidigungsminister hätte kontrollieren und allerspätestens nach Kenntnis des Prüfungsberichts, den der Bundesrechnungshof 1967 dem Bundestag vorlegte, zur Rechenschaft hätte ziehen müssen, der Verteidigungsausschuß war. Vorsitzender dieses Kontrollgremiums war bis zum Oktober 1965 Dr. Richard Jaeger (CSU), in der besonders kritischen Zeit danach Dr. Fritz Zimmermann (CSU).

2. Spezi-Wirtschaft im Fall des Dr. Peter Deeg

Die italienischen Simmel-Werke und deren Generaldirektor Viola hatten sich 1956 monatelang vergeblich darum bemüht, mit dem Bundesverteidigungsministerium wegen Granatenlieferungen ins Geschäft zu kommen. Am 26. November 1956, kurz nachdem Strauß Verteidigungsminister geworden war, vermittelte den Italienern

ein Bundesratsbeamter die Bekanntschaft des Rechtsanwalts Dr. Peter Deeg.
Dr. Deeg war in den Jahren der Nazi-Diktatur ein enger Freund und Mitarbeiter des NSDAP-Gauleiters von Franken Julius Streicher gewesen; Streicher war Herausgeber des auf wüsteste Judenhetze spezialisierten Wochenblatts *Der Stürmer* und betrieb außerdem einen Buchverlag, für den Dr. Deeg antisemitische Hetzschriften verfaßte. Doch dann wurde Dr. Deeg wegen betrügerischer Manipulationen zum Nachteil des *Stürmer*-Verlags mit Gefängnis bestraft; seine Bewerbung um Aufnahme in die Nazi-Partei scheiterte an seiner »charakterlichen Unzuverlässigkeit«, wie es in der Begründung hieß. Wegen seiner Vorstrafe lehnte auch die Anwaltskammer seine Aufnahme ab. Erst nach 1945, nachdem Dr. Deeg der CSU beigetreten war und sich dem Kreis der jungen Leute um den Parteivorsitzenden Dr. Josef Müller, den »Ochsensepp«, angeschlossen hatte, wurde er als Rechtsanwalt zugelassen und in die Kammer aufgenommen.
Dabei war es Dr. Deeg von großem Nutzen, daß er zu den engen Vertrauten und Duzfreunden des CSU-Generalsekretärs Franz Strauß zählte. 1952 erhielt Dr. Deeg einen Auftrag vom damaligen stellvertretenden CSU-Landesvorsitzenden Dr. Weiß, der ebenfalls ein »Ochsensepp«-Schüler, Strauß-Spezi und zudem Oberbürgermeister von Bad Kissingen geworden war.
Dr. Deeg sollte für die Stadt Verhandlungen mit einem Bewerber um die Konzession für eine in Bad Kissingen zu errichtende Spielbank führen. Dieser Bewerber, Simon Gembicki, der sich dann gegen alle anderen Interessenten durchsetzen und die begehrte Konzession erhalten konnte, zahlte dafür – nach nicht dementierten Zeitungs-

berichten – an Dr. Deeg, den Anwalt der Stadtverwaltung, 20000 DM und beauftragte ihn dann mit der Wahrnehmung seiner, Gembickis, Interessen.
Dr. Deeg betätigte sich später auch als Grundstücksmakler. Er verkaufte dem Bund ein Gelände, das das Bundesverteidigungsministerium zu benötigen behauptete, zum rund Dreifachen des drei Jahre zuvor dafür bezahlten Preises und mit einem Gewinn von mehr als einer Million DM.
Nachdem Dr. Deeg mit den Repräsentanten des italienischen Granatenherstellers bekanntgeworden war, verschaffte er binnen kürzester Frist und gegen hohe Provision den Italienern die begehrten Bundeswehraufträge. Er berief sich dabei gegenüber dem Bundeswehrbeschaffungsamt auf seine enge Freundschaft mit Minister Strauß. Als ihm dennoch der Auftrag nicht sofort erteilt wurde, intervenierte tatsächlich das Bundesverteidigungsministerium, vertreten durch Oberst Becker, zu seinen Gunsten. Oberst Becker, die rechte Hand von Strauß in allen Fragen der Protektion alter Freunde im Beschaffungsbereich, setzte die Auftragserteilung unverzüglich durch. Dr. Deeg verdiente daran – wiederum undementierten Presseberichten zufolge – etwa 80000 DM.
Eine parlamentarische Anfrage, »private Vermittlungsagenten« und deren Provision bei einem Auftrag auf Lieferung von Granaten aus Italien betreffend, beantwortete der Bundesminister der Verteidigung Franz Josef Strauß am 13. Juli 1961 dahingehend, daß es »der Bundesregierung nicht bekannt« sei, ob italienische Firmen erhebliche Summen an deutsche Vermittler gezahlt hätten.
Das Koblenzer Beschaffungsamt der Bundeswehr, das zur Zeit des von Dr. Deeg vermittelten Granatengeschäfts noch von dem aus der Ära Blank stammenden Mi-

nisterialdirektor Dr. Rentrop geleitet wurde, war bald überlaufen von Spezis des neuen Ministers, die alle zur Krippe drängten. Rentrop äußerte sich später (zitiert nach *Der Spiegel* Nr. 39/62, Seite 30): »Strauß ist gut beraten, wenn er verhindert, daß ich je unter Eid über meine Koblenzer Erfahrungen aussagen muß.«

3. Der Kauf des »Starfighters« F-104 G

Im Oktober 1958 traf der damalige Bundesverteidigungsminister Franz Josef Strauß die Entscheidung, die Luftwaffe der Bundeswehr mit dem »Starfighter« der amerikanischen Flugzeugbaufirma Lockheed auszurüsten.*
Noch ehe über Preise, Lizenzgebühren, Garantien und Termine auch nur vorfühlend verhandelt worden war, erklärte Stauß den *Lockheed*-Vertretern, daß er sich nun endgültig für das Produkt ihrer Firma, den »Starfighter«, entschieden habe.
Damit war für die *Lockheed*-Unterhändler ein äußerst

* Der folgende Bericht entspricht – mit Ausnahme der Auszüge aus den Berichten des Bundesrechnungshofs – wörtlich dem Text einer Dokumentation des Autors aus dem Jahre 1967. Diese wurde unmittelbar vor ihrer Veröffentlichung einer Reihe von Persönlichkeiten, darunter Mitgliedern der damaligen Bundesregierung, u. a. auch dem seinerzeitigen Bundesminister der Finanzen Dr. h. c. Franz Josef Strauß, als Einschreiben zugeschickt. Von Seiten des Dr. h. c. Strauß kam weder ein Einspruch noch ein Dementi, auch keine Klage bei Gericht, etwa wegen Verleumdung, übler Nachrede oder politischer übler Nachrede nach § 187a StGB. Auch in den seitdem vergangenen Zeitraum von 13 Jahren hat Herr Dr. h. c. Strauß nichts gegen diese Darstellung unternommen oder auch nur erkennen lassen, daß die angeführten Tatsachen seiner Überzeugung nach unrichtig seien.

harter Konkurrenzkampf mit anderen möglichen Lieferanten, insbesondere mit der amerikanischen »Super-Tiger«-Herstellerfirma *Grumman* und der französischen Firma *Dassault* (»Mirage III«) glücklich beendet. *Lockheed* war unversehens in eine Monopolstellung aufgerückt!

Die *Lockheed*-Leute, deren Gesellschaft damals noch mit Defizit arbeitete, wußten ihren Vorteil zu nutzen:

Das Vertragswerk, das schließlich im Frühjahr 1959 zustande kam, übertraf selbst noch die HS-30-Kontrakte. Beamte des Bundesrechnungshofes bedachten es später mit dem Prädikat »miserabel!« ... Neben stark überhöhten Gewinnmargen für *Lockheed* war der Hauptmangel des Starfighter-Vertrages, daß darin zwei unvereinbare Dinge miteinander gekoppelt wurden:

Einerseits der Auftrag für die technische Weiterentwicklung des amerikanischen Schönwetter-Abfangjägers F-104 Starfighter zu einer auch den ehrgeizigsten deutschen Wünschen nach Atomangriffswaffen genügenden neuen Version, der F-104 G (G = German, deutsch); anderseits der Auftrag zur Lieferung von 66 komplett bei *Lockheed* zu produzierenden Maschinen dieses erst noch zu entwickelnden neuen Musters.

Diese Koppelung erwies sich als verhängnisvoller Fehler, der nicht hätte unterlaufen dürfen: Normalerweise werden nämlich Produktionsaufträge von Entwicklungsaufträgen säuberlich getrennt. Denn bei dem Auftrag, ein Flugzeug von der Reißbrettskizze an zu entwickeln, kann die Firma natürlich nicht garantieren, daß sie diese Aufgabe zu einem bestimmten Termin, zu festem Preis und mit eindeutigem Resultat bewältigen kann.

Die Lieferfirma kann nur versprechen, daß sie ihr Bestes tun werde. Anderseits hat der Auftraggeber ihr alle aufgewendeten Kosten, dazu eine angemessene Gewinnspanne, ohne Rücksicht auf das endgültige Ergebnis zu erstatten.

Dagegen ist es üblich, daß bei einem Produktionsauftrag für ein schon entwickeltes, erprobtes und ausgereiftes Flugzeug von der Lieferfirma fest umrissene Garantien übernommen werden, nicht nur für die Liefertermine, sondern auch für Leistung und Mindestlebensdauer der bestellten Flugzeuge. Und natürlich wird auch ein fester Preis vorher vereinbart. Die vom Bonner Bundesverteidigungsministerium akzeptierte, höchst seltsame Vertragsformulierung, die Entwicklung und Lieferung miteinander koppelte, enthob *Lockheed* nahezu aller Garantieverpflichtungen und räumte der Firma außerdem fast unbegrenzte Aufrechnungsmöglichkeiten ein.

Aber auch das war keineswegs alles: Wie schon angedeutet, gingen die bundesdeutschen Wünsche weit über das hinaus, was die ursprüngliche Starfighter-Version F-104 erfüllen konnte. Ohne daß wir uns in technische Einzelheiten verlieren wollen, sei festgestellt, daß von Strauß für die zu entwickelnde F-104 G folgende zusätzliche Aggregate gefordert wurden:

- eine Autopilot-Einrichtung,
- das Mehrzweck-Radar-System »Nasarr«,
- ein ausreichendes Infrarot-Visier,
- ein Bombenrechner,
- ein Luftwertrechner,
- ein Positions- und Zielfluganzeiger,
- Vorrichtungen zum Einbau von Kameras,
- Vorrichtungen zum Einhängen von Bomben (auch solchen mit atomarem Sprengsatz),
- das Trägheitsnavigationsgerät »Litton« sowie eine Anzahl kleinerer Aggregate.

Diese zusätzliche Elektronik-Last erforderte eine erhebliche Verstärkung von Rumpf und Tragflächen des ursprünglichen Starfighters. Auch das Leitwerk mußte um ein Viertel vergrößert, die Leistung des Triebswerks stark vermehrt werden. Am Ende wog der neue Super-Starfighter F-104 G mit voller Bewaffnung fast ein Drittel mehr als die ursprüngliche F-104!

Genaugenommen war die F-104 G ein neues Flugzeug. So schrieb denn auch das Nachrichtenmagazin *Der Spiegel* in einer grundlegenden Untersuchung der Starfighter-Misere im Januar 1966:

»In Wahrheit wurde die US-Version des ›Starfighters‹ für die Deutschen so grundlegend und vielfältig abgewandelt, als würde man etwa alle Komfort-Knöpfcchen und technischen Finessen des Mercedes 600 nachträglich in das 200er Serienmodell einbauen ...

Die Bonner Luftstrategen hofften offenbar, die US-Version werde sich sozusagen mit ein paar Handgriffen der Konstrukteure gemäß deutschen Wünschen zum allwetterfähigen Jäger, Aufklärungs- und Bomber-Mehrzweck-Flugzeug umgestalten lassen.

Es seien, so meldete der Bonner Korrespondent der *Welt* im November 1958 aus dem Bundesverteidigungsministerium, nur ›einige geringfügige Änderungen an der elektronischen Ausrüstung notwendig‹.

Diese Vorstellung mußte sich als einer der kostspieligsten Irrtümer der deutschen Wiederbewaffnung erweisen.«

Das amerikanische Flugzeugbau-Fachblatt *Aviation Week* formulierte es so:

»Weder die Deutschen noch die amerikanischen Vertragspartner übersahen, als diese Sache 1959 anfing, in was sie sich da eingelassen hatten. Sie waren beide etwas zu naiv . . .«

Was indessen diese angebliche Naivität der Starfighter-Vertragspartner diesseits und jenseits des Atlantik angeht, so müssen einem zumindest gewisse Zweifel erlaubt sein: Die Herren von *Lockheed*, deren Konzern bis dahin mit Verlust gearbeitet hatte, wollten – was gar nicht so naiv, sondern durchaus kaufmännisch gedacht und begreiflich war – endlich aus den »roten Zahlen« heraus.

Der gewaltige bundesdeutsche Entwicklungs- und Lieferauftrag gab ihnen dafür plötzlich eine unverhoffte Chance. Sie wären sehr töricht gewesen, hätten sie mehr Bedenken geäußert als ihre so enthusiastischen bundesdeutschen Großkunden. Und da sie den Bonner Milliardenauftrag um keinen Preis verlieren wollten, versprachen sie dem Bundesverteidigungsministerium Liefertermine, die gar nicht einzuhalten waren, und sie erklärten sich auch bereit, Entwicklungsaufgaben zu übernehmen, von denen ihre eigenen Konstrukteure wissen mußten, daß die geforderten Leistungen gar nicht oder nur mit starker Einschränkung zu erreichen waren. Aber natürlich legte sich *Lockheed* mit diesen unerfüllbaren Versprechungen nicht vertraglich fest, sondern garantierte Bonn nur, sich der gigantischen Aufgabe »nach besten Kräften« anzunehmen ...

Die bundesdeutschen Beschaffer waren ebenfalls weniger naiv als vielmehr von Hoffnungen auf eine »größenwahnsinnige Angriffsstrategie« geblendet – ähnlich wie ihre Kollegen, die allen Ernstes zunächst mehr als zehntausend Schützenpanzerwagen HS 30 hatten haben wollen.

Denn die äußerst kostspieligen und – wie es im Jargon der Strauß-Berater hieß – »bis an die Grenzen der Physik« reichenden Umbauten des Starfighter F-104 zum Super-Starfighter F-104 G konnten nur eines bedeuten: den dringenden Wunsch, sich nicht auf die reine Verteidigung beschränken zu müssen, sondern massiv angreifen zu können, und zwar mit Atombomben!

So sah es auch *Der Spiegel* und berichtete, ohne daß sich in Bonn Widerspruch regte:

»Die Starfighter-Verbände ... sollen bei einem etwaigen Angriff unter dem Rumpf tragen, was nun auch deutschen Strategen als Inbegriff politischer und militärischer Macht gilt: die Atombombe.

Die atomare Bombenlast der deutschen Starfighter – jeder Sprengkörper wiegt (nach Angabe des Schweizer Fachblatts *Interavia*) 910 Kilogramm und vermag etwa die fünfzigfache Vernichtungsgewalt der Hiroshima-Bombe zu entfalten – entstammt den Arsenalen der US-Armee.«

Mit solchen atomaren Machtträumen im Kopf ging Verteidigungsminister Strauß an die Bestellung der F-104 G bei *Lockheed* und unterschrieb die nach Meinung des Bundesrechnungshofes »miserablen« Verträge – ohne Rücksicht auf Kosten und Konstruktionsschwierigkeiten, ohne an die sehr begrenzte technische, organisatorische und personelle Leistungsfähigkeit der jungen bundesdeutschen Luftwaffe zu denken und ohne in Betracht zu ziehen, daß auch die europäische und insbesondere die westdeutsche Luftfahrtindustrie, die die F-104 G in Lizenz nachbauen sollte, kein Wunder vollbringen konnte.

Minister Strauß wollte – buchstäblich um jeden Preis – seine superschnellen Atombomber, und zwar so viele wie irgend möglich.

Noch im Mai 1960 warnte der damalige Fliegergeneral Johannes Steinhoff den Verteidigungsminister und seinen Inspekteur Kammhuber nachdrücklich vor einer Überha-

stung mit dem Starfighter-Programm. Er riet seinen Vorgesetzten dringend, allerhöchstens 250 Maschinen des neuen Typs zu bestellen – mehr könne die Luftwaffe noch gar nicht »verkraften« ...
Minister Strauß jedoch beschloß zur selben Zeit – noch ehe auch nur ein einziger Prototyp des Super-Starfighters F-104 G im Fluge erprobt worden war! –, das bundesdeutsche Auftragsvolumen gewaltig auszudehen – auf siebenhundert Maschinen ...
Dazu schrieb das Nachrichtenmagazin *Der Spiegel* in seiner Analyse vom Januar 1966, ohne daß seine Behauptungen je dementiert worden wären:
»Zweifellos hätte die Umrüstung der deutschen Luftkriegsflotte gemächlicher vollzogen werden können, aber Strauß führte gegen die Bedenken besonnener Offiziere und Ministerialbeamter ›politische Gründe‹ ins Feld.
Später wurden die Gründe erkennbar: Strauß wollte durch eine NATO-Hintertür Deutschlands atomare Teilhaberschaft schnell zur vollendeten Tatsache machen ... Daß der Wunsch nach atomarer Kampfkraft ein Hauptbeweggrund für die Erweiterung des Starfighter-Programms war, macht eine technische Modifikation deutlich, die Strauß nachträglich an der F-104 G vornehmen ließ: Er ließ den Bombenrechner austauschen ... Insgesamt 560 bundesdeutsche Starfighter bekamen ein neues Bombenrechner-Modell, den ›Dual-Timer‹, der für den Abwurf von Atombomben geeignet, für konventionelle Bomben dagegen zu ungenau ist.«

Die Atombomben-Träume des Ministers Strauß verwirklichten sich zu seiner Amtszeit nicht mehr. Erst von 1964 an, als Strauß das Verteidigungsressort schon längst hatte abgeben müssen, hing eine US-Atombombe unter dem

Rumpf der mit dem Eisernen Kreuz gekennzeichneten Super-Starfighter-Maschinen der bundesdeutschen Luftwaffe.

Doch je mehr von den neuen Blitzbombern aus den Montagehallen rollten und von den Geschwadern der Bundesluftwaffe in Dienst gestellt wurden, desto deutlicher zeigte sich, in welch fatalem Ausmaße die Kommandeure und Piloten, die Warte und Techniker, aber auch die gesamte übrige Luftwaffenorganisation durch die viel zu frühe und viel zu starke Aufblähung des Starfighter-Programms, ja auch durch die F-104 G selbst, überfordert waren.

Die deutsche Fachzeitschrift *Flug-Revue* kennzeichnete die Situation bereits im Dezember 1962 folgendermaßen:

»Es geht hier um ein Milliardenobjekt. Und dieses Objekt heißt F-104 G Super-Starfighter. Die Geschichte dieses Flugzeuges, das in Europa (und nicht nur in Europa) den Ruf einer *femme fatale* genießt, muß an dieser Stelle nicht mehr in all ihren Einzelheiten geschildert werden; sie ist seit Jahren bekannt. Es erscheint aber zweckmäßig, noch einmal zurückzublenden in das Jahr 1957, das Jahr, in dem die zukünftige Ausrüstung der Bundeswehr im Rahmen ihrer NATO-Partnerschaft aktuell wurde.

Nach dem Konzept der NATO und unter Berücksichtigung der geographischen Gegebenheiten der Bundesrepublik wurde ein hypothetisches Mehrzweckflugzeug mit hoher Überschallflugleistung gefordert ...

Nach zweijährigem Studium der Angebote und gewissenhafter Prüfung der besten Flugzeugmuster stand auf einmal ein Flugzeug zur Debatte, das bis dato nicht am Wettbewerb teilgenommen hatte – die amerikanische F-104 Starfighter.

Dieses modernste und schnellste amerikanische Flugzeug

hatte als Top-secret nicht an der Konkurrenz teilnehmen können und wäre selbst ohne dieses Hindernis für europäische Verhältnisse völlig ungeeignet gewesen. Der Interceptor (Abfangjäger) F-104 benötigt Start- und Landebahnen von 3000 m Länge und besitzt die typischen Eigenschaften eines überzüchteten Hochgeschwindigkeitsflugzeuges. Von den Technikern lehnte die Mehrheit dieses Flugzeug grundsätzlich ab. Außer einer überlegenen Geschwindigkeit und den dementsprechenden Steigleistungen hatte die F-104 keine Pluspunkte aufzuweisen.
Auf die Ablehnung reagierte Lockheed mit der Versicherung, daß man dieses Flugzeug entfeinern und auf europäische Einsatzbedingungen umkonstruieren könne; es werde dann den deutschen Wünschen – und damit der NATO-Spezifikation entsprechen. Fast gleichzeitig begann Lockheed mit einer recht ungewöhnlichen Public-Relations-Kampagne ... Im Oktober 1959 trat die F-104 Starfighter in die endgültige Konkurrenz zur Mirage, die Politiker nahmen den Technikern und Taktikern die Entscheidung ab und entschieden für das von Lockheed vorgeschlagene Modell F-104 G Super-Starfighter.
Sie entschieden sich für ein Flugzeug, das nur auf dem Papier existierte! Es besteht heute nicht der geringste Zweifel darüber, daß die zweijährige Prüfungsarbeit des Ausschusses nichts weiter als eine Farce war. Die Beschaffung der Initialausrüstung war nicht eine Frage der technischen Qualifikation und der taktischen Erfordernisse, sie war eine rein politische.
Noch während die Politiker in Bonn die Argumente der Techniker abwehrten, begann in den USA das große Starfighter-Sterben. Nachdem der Starfighter eine *erschreckend große Unfallneigung* gezeigt hatte, zog die USAF alle F-105 A aus dem Dienst – insgesamt 4 Squa-

drons. Im Frühjahr 1960 wurde dieser Typ endgültig gesperrt und zum Verkauf an kleinere Luftwaffen von zweitrangiger Bedeutung freigegeben (die Maschinen wurden Nationalchina und Pakistan überlassen).
Diese Meldung wurde in der Bundesrepublik unterdrückt, um ›Bonn nicht zu verärgern‹ ...
Die Entscheidung der Politiker stieß selbst innerhalb des Verteidigungsministeriums auf herbe Kritik, vermochte aber nicht den Entschluß zu ändern ...
Als Hauptargument für die Beschaffung der F-104 G führte man ins Feld, der Super-Starfighter sei das beste Flugzeug für die Initialausrüstung, der Mirage technisch überlegen und relativ billig. Der Preis wurde damals mit 4,5 Mio. DM pro Flugzeug angegeben. Die Gegenargumente aus dem Mirage-Lager, dieses Flugzeug sei billiger, weniger hochgezüchtet und durch die Konstruktion nach dem metrischen Maßsystem besser zum Nachbau in Deutschland geeignet, während der Lizenzbau des nach dem Zoll-Maßsystem entwickelten Starfighters unvermeidliche Anpassungsschwierigkeiten und enorme Umstellungskosten für Maschinen, Werkzeuge und Meßgeräte bringen müsse, wies man als unbegründet zurück.
Die Mirage, so sagte man in Bonn, sei schon deshalb ungeeignet, weil sie nicht zur Aufnahme der notwendigen Elektronik dimensioniert sei. Die Sache war entschieden ...
Die größeren Probleme sollten noch kommen ...
Vom Preis, den der Bau eines einzigen Super-Starfighters kostete, nämlich 4,5 Mio. DM pro Flugzeug, sprach man längst nicht mehr, er war mittlerweile auf 5,3 Mio. DM gestiegen. Aber es waren die Nettokosten, zu denen weitere für die laufende Entwicklung notwendige Änderungen, Ersatzteile und immense Lizenzgebühren gerechnet

werden müssen. Der Bruttopreis für einen Super-Starfighter liegt heute bereits über 7,5 Mio. DM! ...
Jede Aufrüstung ist teuer, und unter der Voraussetzung, die F-104 G Super-Starfighter wäre das beste, zuverlässigste und überlegene Waffensystem – so wie sie in der Propaganda immer wieder vorgestellt wird –, könnte man die enormen Beschaffungs- und Betriebskosten rechtfertigen. Leider bestehen jedoch begründete Zweifel am praktischen Wert dieses überzüchteten Flugzeugs. Um es vorwegzunehmen: Die unbestrittene Geschwindigkeitsleistung und die Steigfähigkeit dieses Flugzeuges mußten unter schwerwiegenden Kompromissen erkauft werden ...
In der Bundesrepublik kam der Stein ins Rollen, als Ende Mai 1962 der *Stern* unter der Überschrift ›Super-Pleite‹ erstmalig scharf gegen die Überlegenheitslegende um den Starfighter schoß.
Wenige Tage später wurde die Öffentlichkeit erschüttert durch die Nachricht vom Absturz einer Vierergruppe F-104, die nach einer Kehrtkurve kollidierten. Dies geschah am 19. Juni 1962 nach einer Formationsflugübung über dem Kölner Kohlenrevier, nahe Nörvenich. Die vier Piloten, von Bundesverteidigungsminister Strauß als zur Elite der NATO gehörend bezeichnet und vom Kommandeur der Waffenschule Nörvenich, Major Flade, als die besten Starfighter-Leute qualifiziert, kamen ums Leben.
Zehn Tage nach dieser Katastrophe gab das Verteidigungsministerium in seinem Bericht vor dem Verteidigungsausschuß des Bundestages als vermutliche Absturzursache seine Standarderklärung für Flugunfälle ab: Menschliches Versagen ...
Nehmen wir Minister Strauß und Major Flade beim

Wort: Diese Piloten zählten zu den besten – bleibt nur der Schluß, daß sie ein Opfer der tückischen Eigenschaften dieses Flugzeuges wurden. Und hierfür gibt es Beweise.

Wie schlecht es um den tatsächlichen Einsatzwert unserer Starfighter steht, ist kein Geheimnis:

Die komplizierte Elektronik der F-104 G ist nicht voll funktionsfähig. Obwohl bis jetzt mehr als ein halbes Dutzend Versionen ausprobiert wurden, konnte noch kein befriedigendes Ergebnis erzielt werden. Ein Alarmeinsatz unter Schlechtwetterbedingungen ist unmöglich, weil das Navigationssystem 15 Minuten benötigt, ehe es funktionsfähig wird. Eine perfekte Führung eines Starfighter-Verbandes vom Boden aus war bis jetzt noch nicht möglich, weil auch hier nur die Hälfte der Elektronik funktioniert. Sie funktioniert ebensowenig beim Jagdbombereinsatz in Höhen unter 6000 m; Navigation und Zielsuche sind beeinträchtigt. Punkt zwei: Mehrzweck-Eignung. Die F-104 G ist von der Grundkonstruktion her ein typischer Interceptor. Nach der NATO-Ausschreibung mußte sie außerdem durch Umrüstung als Jagdbomber und taktischer Aufklärer eingesetzt werden können ... Der Umbau zum Aufklärer dauert zwei Tage pro Flugzeug.

Aus welchem Grund ein Jagdbomber eine Geschwindigkeit von Mach* 2,2 leisten soll, ist unbegreiflich. Selbst bei Mach 1,2 können von einem solchen Flugzeug kaum mehr als einige Zufallstreffer verlangt werden ... Ein weiterer wunder Punkt ist die Flugsicherheit für Piloten. Das Landen eines schnellen Strahljägers mit stehendem

* Mach = Schallgeschwindigkeit. Von anderer Seite wird die Höchstgeschwindigkeit des Starfighters mit Mach 2,0 angegeben.

Triebwerk ist grundsätzlich riskant, obwohl dieser Fall fast bei jedem existierenden Typ schon einmal eingetreten ist. Ob eine solche Landung mit einer F-104 G auf unseren Pisten möglich sein wird, ist füglich zu bezweifeln. Hier bleibt nur die Rettung durch den Katapultsitz.
Nach amerikanischen Erfahrungsberichten haben sich die *Lockheed*-Schleudersitze als unzuverlässig erwiesen ... Die hohe Zahl tödlicher Abstürze ist auf eine mangelnde Funktion dieser Sitze zurückzuführen ...
In den USA ist man den Tatsachen nicht ausgewichen, und die Presse tadelte offen die Voreiligkeit, mit der das Bundesverteidigungsministerium sich für den Ankauf eines unfertigen Flugzeuges entschied ...
Wenn aus politischen Gründen weder die französische *Mirage* noch die schwedische *Draken* zum universellen Standardflugzeug der NATO gewählt werden durfte – und dies waren die besten Flugzeuge, die uns die europäische Industrie zu bieten hatte –, weshalb entschied sich das Verteidigungsministerium nicht für ein besseres und bereits existierendes amerikanisches Flugzeugmuster?
Welche Beweggründe in Bonn bestimmend waren, eine der schwerwiegendsten Fehltentscheidungen zu treffen – wir wissen es nicht. Vielleicht war es nichts weiter, als menschliches Versagen ...«
Soweit der Bericht der Fachzeitschrift *Flugrevue* über den Stand der Dinge gegen Jahresende 1962.
Knapp drei Jahre später, Anfang Oktober 1965, meldete sich ein anderes Fachblatt, *Wehr und Wirtschaft*, mit der alarmierenden Feststellung zu Wort, die Absturzziffern der Bundesluftwaffe stiegen beständig, und dies »im Widerspruch zu den beruhigenden Erklärungen des Verteidigungsministeriums«.
»Unter den (Starfighter-)Piloten«, so berichtete das Fach-

blatt weiter, »beginnt sich Unruhe breitzumachen ...« Kein Wunder! Denn bis zu diesem Zeitpunkt waren bereits mindestens 22 der nagelneuen Super-Starfighter abgestürzt!

Als dann innerhalb von acht Tagen abermals drei Bundeswehr-Starfighter abstürzten, ließ das Bundesverteidigungsministerium die besorgte Öffentlichkeit wissen, der Inspekteur der Luftwaffe habe »nunmehr Weisung gegeben«, in der F-104 G ein Gerät zu erproben, das über die Unfallursachen genaueren Aufschluß geben könnte: einen elektronischen Flugdatenschreiber, der während jeder Flugphase die technischen Zustände des Flugzeugs registriert. So werde man bald in der Lage sein, den Ursachen zu Leibe zu rücken und die Unfallquote drastisch zu senken.

Daß solche Datenschreiber nicht schon längst serienmäßig in die teuren F-104 G Super-Starfighter eingebaut worden waren, suchte das Verteidigungsministerium mit dem Hinweis zu begründen: »Bisher existieren nur schwere Geräte ..., die für den Einbau in die F-104 G nicht geeignet sind.«

Das war indessen wieder einmal nicht die Wahrheit: Entgegengesetzte Informationen waren dem Ministerium schon mindestens zwei Monate zuvor, wahrscheinlich noch früher, zugegangen.

Am 26. Juli 1965 hatte Oberstleutnant Peter von Malapart vom Amt »Inspizient Flugsicherheit der Bundeswehr« in einem Schreiben an den Bundesminister der Verteidigung – Führungsstab Luftwaffe III 4 – gefordert, in den Starfighter-Maschinen »so schnell wie möglich« Flugdatenschreiber zu erproben, »die in einer Vielzahl von Ausführungen angeboten werden«.

Dabei stellte Oberstleutnant von Malapart die düstere

Prognose: »Mit einer Verschärfung der Unfallsituation ist zu rechnen.«

Der Warner sollte nur allzu recht behalten:

In den folgenden Wochen verlor die Bundesluftwaffe einen Super-Starfighter nach dem anderen!

Aber es waren nicht nur Abstürze, die an den Qualitäten des Super-Starfighters immer mehr Zweifel aufkommen ließen:

»Anfang Februar offenbarte Oberst Günther Rall, Kommodore des Starfighter-Jagdbomber-Geschwaders 34 in Memmingen, daß von den 52 Maschinen seines Geschwaders am Abend, nachdem die Mechaniker den Wartungsdienst beendet hatten, immerhin noch elf Flugzeuge startklar gewesen seien. Am nächsten Morgen waren es nur noch sechs! Den anderen fünf, unter freiem Winterhimmel abgestellt, war offenbar das Wetter nicht bekommen.«

Der Kommodore, der solche bestürzenden Angaben zu machen hatte, tat dies ausnahmsweise öffentlich – vor dem Bundestags-Plenum. Er war auch keineswegs der einzige Offizier, der den Abgeordneten die Starfighter-Misere schilderte. Der damalige SPD-Fraktionsvorsitzende und heutige Bundeskanzler, Helmut Schmidt, zog das Fazit aller dieser Aussagen und knüpfte an das traurige Ergebnis die Drohung: »Ohne Zweifel wird Herr von Hassel wegen der unzutreffenden Äußerungen, die er am 20. und 21. Januar 1965 vor dem Bundestag gemacht hat, zur Verantwortung gezogen werden.«

Kai-Uwe von Hassel (CDU), als Nachfolger von Franz Josef Strauß damals amtierender Bundesverteidigungsminister, hatte in der von Helmut Schmidt in Erinnerung gerufenen »Starfighter«-Debatte des Bundestages vor allem den SPD-Wehrexperten Karl Wienand attackiert, der

in der Illustrierten *Stern* kurz zuvor von der F-104 G behauptet hatte:
»Die teuer gewordenen Maschinen sind bis heute allenfalls bedingt einsatzfähig.«
Minister von Hassel im Bundestag dazu:
»Nicht nur falsch, sondern in höchstem Maße verantwortungslos ist die Behauptung, die Starfighter seien heute allenfalls bedingt einsatzfähig!«
Die Kette von F-104-G-Unfällen, die dieser Debatte folgte, bewies eindringlich, wie recht Wienand gehabt hatte. Außerdem hatte jeder halbwegs Interessierte aus dem von Minister von Hassel so scharf angegriffenen *Stern*-Artikel des Abgeordneten Wienand leicht herauslesen können, daß der Verfasser an der uneingeschränkten Verwendbarkeit des Starfighter F-104 G unter Kriegsbedingungen vor allem wegen der unzulänglich funktionierenden Elektronik-Navigation des sogenannten LN-3- oder Litton-Geräts gezweifelt hatte.
Dieses LN-3-Gerät der amerikanischen Firma *Litton* galt damals und noch Jahre später bei den F-104-G-Piloten wegen seiner hohen Reparatur-Quote als »unzuverlässig« und wegen seiner ungenauen Angaben für Navigationszwecke als »truppenunbrauchbar«.
Wie dann das Nachrichtenmagazin *Der Spiegel* Anfang Februar 1966 zu berichten wußte, hatte der Sachbearbeiter für die Beschaffung von Luftgeräten im Koblenzer Bundesamt für Wehrtechnik und Beschaffung bereits ein halbes Jahr vor Wienands *Stern*-Artikel in einer Aktennotiz festgestellt:
»Im Jahre 1970 wird das Gesamtprojekt LN-3 ... die staatliche Summe von über einer Milliarde Mark verschlungen haben, ohne den geforderten technisch-taktischen Bedingungen im Hinblick auf die Einsatzfähigkeit und Genauigkeit zu genügen.«

Und selbst Minister von Hassel mußte drei Monate nach seiner Attacke gegen Wienand einräumen, das Navigationssystem des Starfighters bereite ihm »wegen der vorhandenen Mängel ernsthafte Sorgen«.
Karl Wienand hatte auch geschrieben:
»Die Starfighter sind nicht die besten aller möglichen Jagdflugzeuge für die Zwecke der Bundeswehr.«
Darauf hatte der »Vater des Starfighters«, Franz Josef Strauß, im Bundestag Wienand gefragt:
»Jetzt sagen Sie mir, welches nach Ihrem Sachverstand das bestmögliche Jagdflugzeug für die Bundeswehr gewesen wäre oder heute wäre? Können Sie das sagen? Aber nennen Sie Roß und Reiter!«
Die gesamte CDU/CSU-Fraktion war mit Hohn und – wie es im Bundestagsprotokoll heißt – »Heiterkeit« über Wienand hergefallen.
Gleichwohl hatte Verteidigungsminister von Hassel die Kritik Wienands an den Jäger-Eigenschaften des Starfighter F-104 G weder gerügt noch zurückgewiesen. Es wäre ihm wohl auch schwergefallen. Denn Verteidigungsminister von Hassel mußte damals schon wissen, was sein Vorgänger Strauß offenbar noch nicht wußte: nämlich, daß die F-104 G als Abfangjäger zugerüstet, den Anforderungen der NATO tatsächlich nicht genügte und auch bis heute noch nicht genügt ...

Bis zum Jahresende 1966 hatte die Luftwaffe der Bundeswehr mindestens 65 – nach einer inoffiziellen Liste sogar bereits 67 – Super-Starfighter-Abstürze zu verzeichnen gehabt.
Nur in den letzten Dezember-Wochen des Jahres 1966 gab es keine neuen Starfighter-Verluste mehr – die F-104 G, die »besten Flugzeuge der Welt«, hatten vom Bundes-

verteidigungsministerium unter dem Druck der öffentlichen Meinung Startverbot erhalten ...

Das Parlament, die Presse, der »Mann auf der Straße«, aber auch die Luftwaffen-Führung waren sich plötzlich einig: So durfte es nicht weitergehen!

Vor allem deshalb nicht, weil bei den Abstürzen nicht nur außerordentlich teures Gerät verlorengegangen war, sondern auch zahlreiche Menschenleben: Mindestens 36 Männer hatten sterben müssen! Diese Luftwaffen-Offiziere und -Unteroffiziere, die bei den »Starfighter«-Abstürzen ums Leben gekommen waren, hinterließen nicht nur trauernde Angehörige, sondern auch sehr fühlbare Lücken im Fliegerkorps der Luftwaffe. Denn die Abgestürzten gehörten samt und sonders zu den besten, mutigsten und erfahrensten Überschall-Piloten der Bundeswehr! Die Ausbildung jedes einzelnen dieser Flieger-Elite hatte mehr als eine Million Mark gekostet ...

Errechnet man jedoch den gesamten materiellen Schaden, den die Bundesluftwaffe mit der F-104 G bisher erlitten hat, so genügt es keineswegs, nur die Anzahl der bisherigen Abstürze mit dem Preis einer einzelnen, voll ausgerüsteten Maschine zu multiplizieren und zu dieser Summe noch vierzig bis fünfzig Millionen Mark zu addieren – etwa für die Ausbildung der abgestürzten Piloten und die Versorgung ihrer Hinterbliebenen.

Die volle Rechnung umfaßt noch viele Posten, die auf viel weniger dramatischen Ereignissen beruhen: Geht beispielsweise ein Super-Starfighter wegen Fahrwerkschadens bei der Landung zu Bruch, ohne daß dem Piloten viel passiert, so rechnet dieser Verlust einer F-104 G als einfacher Betriebsunfall, den der Öffentlichkeit mitzuteilen sich nicht lohnt.

Bruchlandungen, Karambolagen am Boden oder Fehl-

starts gehören durchaus zur Routine, ebenso Hunderte von kleineren, aber in der Summe ebenfalls recht kostspieligen Pannen.
Der folgende Bericht, der sich auf nur zwei Geschwader und einen begrenzten Zeitraum bezieht, gibt einen Einblick in die Situation:
Aus dem »Pannen«-Verzeichnis des Jabo-Geschwaders 32 in Lechfeld: Ein Oberfeldwebel warf vor der Landung – wider den Befehl des Geschwaderkommodore – alle vier Zusatztanks der Maschine ab. Schadensumme: 42000 Mark. Ein zweiter Oberfeldwebel klinkte einen der Tanks aus. Ein Oberleutnant landete mit beschädigtem Kabinendach. Einem Hauptmann platzte in der Luft das Kabinendach.
Ein Feldwebel beschädigte zwei Tanks seiner Maschine bei der Landung. Ein Oberleutnant warf zwei Tanks ab. Ein Hauptfeldwebel jagte bei der Landung über die Piste hinaus und beschädigte Fahrwerk und Zelle. Und ein anderer Feldwebel warf vor der Landung abermals zwei Tanks auf den Platz.
Das Jagdbomber-Geschwader 31 (»Boelcke«) in Nörvenich registrierte während zwölf Monaten sechsmal den Totalverlust von Maschinen, dreimal mit tödlichem Ausgang.
Darüber hinaus passierte noch mancherlei: Vier Piloten rasten nach der Landung in die Notfanganlage am Ende der Piste; drei Maschinen wurden – teils schwer – beschädigt, die vierte brannte aus.
Ein Leutnant sah sich bei einem Übungsflug über Holland zur Notlandung gezwungen; die Maschine hatte schweren Schaden. Ein Hauptmann kollidierte in der Luft mit einem Transportflugzeug des Musters »Noratlas«, ein zweiter Hauptmann mit einem Reklameflugzeug; beide Starfighter wurden schwer beschädigt.

Zwei Hauptleute in einer zweisitzigen Trainingsmaschine entschlossen sich, nachdem die meisten Instrumente ausgefallen waren, zur Notlandung in Frankreich. Bei einem zweiten Trainer mit einem Hauptmann und einem Leutnant setzte das Triebwerk während des Landevorgangs aus. Ein Oberfeldwebel verlor beim Start das Kabinendach. Einem Oberleutnant blieb, als er die Maschine von der Piste heben wollte, das Triebwerk stehen. Ein anderer Oberleutnant entdeckte unmittelbar vor dem Start, daß an seiner Maschine die große Hydraulikklappe nicht geschlossen war.

Im zweisitzigen Trainer eines Oberstleutnants und eines Hauptmanns beschädigte ein ungesicherter Bolzen das Triebwerk. An der flugklar gemeldeten Maschine eines Oberleutnants waren die Start- und Landeklappen eingefroren. Beim Testflug eines Hauptmanns stellte sich heraus, daß die Hydraulikleitungen falsch angeschlossen waren.

Ein Feldwebel verlor beim Landeanflug zu rasch an Höhe. Vergebens suchte er die Maschine hochzuziehen: Bauchlandung auf einem Acker vor der Piste – schwere Verletzungen, schwerer Maschinenschaden.

Ein Leutnant schließlich, und vier Wochen später auch noch ein Oberleutnant, spürten in der Luft – 9000 Meter hoch – trotz Atemmaske Übelkeit und Brechreiz, offenbar Vergiftungserscheinungen.

Diese und ähnliche Listen ließen sich beliebig fortsetzen. Die Schadenssummen – Totalverluste gar nicht eingerechnet – gehen in die -zig Millionen. Aber im Verteidigungsbereich ist man äußerst großzügig im Materialverbrauch. Kleinlich ist man auf anderem Gebiet.

So etwa gegenüber den Hinterbliebenen der abgestürzten Piloten, zum Beispiel im Fall des Hauptmanns William:

Dieser hatte sich zum »Aussteigen« mit dem Schleudersitz entschlossen, um seine Maschine nicht mitten in einem Dorf explodieren zu lassen. Er rettete das Dorf vor der Katastrophe und verlor dadurch selber sein Leben.

Wegen dieser vorbildlichen Haltung beantragte die Rechtsabteilung des Verteidigungsministeriums bei der zuständigen Stelle, den Hauptmann William posthum aus der Gehaltsgruppe A 11 in die nächsthöhere Besoldungsstufe A 13 (Majore) zu befördern. Denn nach dem Beamtengesetz kann eine höhere Pension gezahlt werden, wenn ein Beamter im Dienst sein Leben eingesetzt hat.

Der Besoldungsstelle erschien der Antrag begründet, doch zu weitgehend. Sie beförderte den toten Hauptmann nur in die Gruppe A 12, die es bei der Bundeswehr nicht gibt, da zwischen dem Hauptmann und dem Major kein weiterer Dienstgrad vorgesehen ist.

Nun entstand folgende Situation: Die Rechtsabteilung des Verteidigungsministeriums stellte fest, daß bei Annahme der Beförderung des Toten in die bei der Bundeswehr unbekannte Gruppe A 12 die Witwe des verunglückten Hauptmanns auf die Flugunfallentschädigung von 20000 Mark verzichten müsse ...

Frau William rechnete nach und entschied sich, unter Verzicht auf die 20000 Mark, für die geringfügig höhere Pension.

Eine andere Pilotenwitwe, Frau Lehnert, erfuhr Wochen nach dem Absturz ihres Mannes auf Anfrage vom Bundesverteidigungsministerium, daß noch geprüft werde, »ob der Unfall auf die eigentümlichen Verhältnisse des Flugdienstes zurückzuführen sei«; eine Auszahlung der Flugunfallentschädigung komme daher noch nicht in Frage.

Erst als sich die Presse des Falles annahm, erhielt Frau

Lehnert endlich das ihr zustehende Geld. Das Gebührnisamt der Wehrbereichsverwaltung Düsseldorf kondolierte bei dieser Gelegenheit der Witwe zum Tode ihres Mannes auf hektographiertem Saugpostpapier – Anschrift und Anrede waren mit Kugelschreiber eingefügt ...

Angesichts ständig drohender »Verschärfung der Unfallsituation« und der kleinlichen Handhabung selbst der Versorgungsansprüche von Hinterbliebenen ist es kein Wunder, daß die Bundesluftwaffe immer mehr Starfighter-Piloten verliert – nicht nur durch Abstürze:
Es bleibt nicht nur der Nachwuchs aus, der sich schon seit geraumer Zeit und aus begreiflichen Gründen in immer geringer werdender Anzahl meldet. Seit Anfang 1965 haben auch einige der besten Starfighter-Piloten den Dienst gekündigt. Es handelt sich dabei ausschließlich um aktive Offiziere, die nach der gesetzlich vorgeschriebenen Frist von sechs Jahren von ihrem Recht Gebrauch machten, ihr militärisches Dienstverhältnis unter Verzicht auf alle Pensionsansprüche zu beenden. (Es sei daran erinnert, daß für die Ausbildung jedes dieser Piloten mehr als eine Million Mark aufgewendet werden mußten!)
Doch außer den vielen toten, verletzten oder auch rechtzeitig abgewanderten Piloten, neben den vielen Total- und Teilverlusten, den ungezählten Pannen und Reparaturen und, es sei nicht vergessen, auch den ungewöhnlich hohen Entwicklungs-, Anschaffungs-, Unterhalts- und Nachbaukosten, gibt es noch einen Posten in der Starfighter-Bilanz, der den Sinn aller Opfer in Frage stellt:
Erinnern wir uns, daß Franz Josef Strauß nicht nur eine Armada von Super-Starfightern bereits bestellte, als noch

kein einziger Prototyp der neuen F-104 G im Fluge erprobt worden war, sondern daß er auch den größten Teil dieser Maschinen für einen Atombombenabwurf ausrüsten ließ. Sie sollten vollendete Tatsachen schaffen und den Traum bundesrepublikanischer Atommacht verwirklichen.

Im Spätsommer 1966 zerstob auch dieser Traum:

Es sickerte damals durch, daß das Pentagon entschieden habe, die Flugzeuge aller westeuropäischen US-Verbündeten sollten künftig mit Vorrang die Heeresverbände im Erdkampf unterstützen. Ihre nukleare Mission sollte eingeschränkt werden und künftig ausschließlich den Raketen zufallen.

Entgegen den Forderungen des Bonner Verteidigungsministeriums, das sich mit Händen und Füßen dagegen sträubte, seine kostspieligen F-104-G-Verbände zu konventionellen Taefffliegern degradieren zu lassen, nahm die NATO-Arbeitsgruppe »Verteidigungsplanung« die amerikanischen Änderungswünsche bereits in ihr Programm für 1968 auf. Die Super-Starfighter sollten »entatomisiert« werden, aber nun waren sie natürlich viel zu schnell, viel zu kompliziert und viel zu teuer für die übrig gebliebenen Erdkampfaufgaben ...

Bedauernd mußte man dann feststellen, daß man bereits acht, vielleicht auch schon zehn Milliarden Mark zum Fenster hinausgeworfen hatte. Denn mindestens acht Milliarden – achttausend Millionen Deutsche Mark! – hatten die Steuerzahler der Bundesrepublik bis dahin für die Anschaffung und den Unterhalt der Super-Starfighter-Flotte aufbringen müssen, die der damalige Verteidigungsminister Franz Josef Strauß unbedingt haben wollte. Derselbe Betrag hätte voll ausgereicht, die Haushaltslücken der Jahre 1967/69 ohne Steuererhöhungen und ohne Abstriche an lebenswichtigen Programmen zu schließen. Aber er stand dann dem damaligen Bundesfinanzminister Strauß nicht mehr zur Verfügung, weil der einstige Verteidigungsminister Strauß »etwas zu naiv« gewesen war.

Waren diese astronomischen Summen wirklich nur »etwas zu naiv« ausgegeben worden? Und wie stand es mit dem politischen Wert der Super-Starfighter-Flotte?

Zu den ›politischen Gründen‹, die Strauß bewogen haben sollen, das Auftragsvolumen drastisch zu erhöhen und 700 F-104 G fest zu bestellen, noch ehe ein Prototyp des neu zu entwickelnden Waffensystems erprobt worden war, hat der Bundesrechnungshof – vgl. Bundestagsdrucksache VI/2697 – folgendes zu bemerken gehabt:

> »Offensichtlich wurden der NATO Zusagen gemacht, ohne daß das Ministerium hinreichend geprüft hatte, ob und wie sie erfüllt werden könnten. Dadurch ist es in eine Zwangslage geraten. Der Versuch, sich daraus durch kostspielige, vom ordnungsmäßigen Geräteentstehungsgang abweichende Beschaffungen zu befreien, ist hier ebenso gescheitert wie seinerzeit im Fall HS 30.
>
> Hätte das Ministerium vor seiner Entscheidung, das Waffensystem ohne vorhergehende Entwicklung und Erprobung in Serie zu beschaffen, untersucht, mit welchen Verzögerungen und mit welchen militärischen, logistischen und finanziellen Nachteilen angesichts der vielen noch ungelösten Entwicklungs- und Fertigungsprobleme selbst bei der kleinsten Planungsstörung zu rechnen war, so wäre offenkundig geworden, daß dieses Vorgehen mit vertretbarem Aufwand kaum zum gewünschten Erfolg führen konnte. Der Mißerfolg zeichnete sich aber auch schon ohne solche Untersuchungen ab. Nach den Informationen, die dem Ministerium zur Verfügung standen, war er jedenfalls nicht so unwahrscheinlich, wie den Bundestagsausschüssen gegenüber dargestellt wurde.«

Das allein vom damaligen Minister Strauß zu verantwortende Vorgehen bei der Beschaffung des Starfighters F-104 G hat der Bundesrepublik außerordentlich schweren Schaden zugefügt.

Der Bundesrechnungshof bemerkt dazu in seinem Bericht:

> »Die Beschaffung des nicht beschaffungsreifen Waffensystems hat keine Vorteile, auch nicht den erhofften Zeitgewinn gebracht. Sie hat vielmehr dazu geführt, daß die Ausrüstung der Bundeswehr mit brauchbarem Gerät verzögert, die militärische Einsatzfähigkeit über Jahre hinweg beeinträchtigt und die Ersatzteilversorgung sowie die Instandhaltung des Waffensystems erheblich erschwert worden ist. Als besonders nachteilig erwiesen sich der durch das zeitliche Nebeneinander von Entwicklung und Fertigung hervorgerufene unterschiedliche Konstruktionsstand der ausgelieferten Flugzeuge, die beschränkte Austauschbarkeit der Bauelemente und Geräte, der Zwang zu laufender Nachrüstung und die dadurch hervorgerufenen langen Industriestandzeiten, während deren die Flugzeuge bei den Verbänden fehlten. Weil die Ersatzteile und Bodendienst- und Prüfgeräte ebenfalls vor Abschluß der Entwicklung beschafft wurden, waren sie in großem Umfang nach kurzer Zeit – teilweise schon bei der Lieferung – nicht mehr verwendbar. Außerdem mußten wegen der unterschiedlichen Rüstzustände des Waffensystems zusätzlich Ersatzteile bereitgestellt und bereitgehalten werden.
>
> Insgesamt hat sich – wie bei der Beschaffung des Schützenpanzers HS 30, der amagnetischen U-Boote und der SM-Boote – gezeigt, daß durch ein Überspringen von Entwicklungs- und Erprobungsphasen bei komplizierten neuen Waffensystemen kein Vorteil erzielt werden kann. Neben der Schwächung der materiellen und psychologischen Verteidigungskraft verursacht die überstürzte Beschaffung zusätzliche Ausgaben, die weit über das hinausgehen, was bei Einhaltung des ordnungsmäßigen Geräteentstehungsgangs unvermeidbar ist.«

Neben der von Minister Strauß zu verantwortenden

Schwächung der Verteidigungskraft erbrachte sein Vorgehen aber auch große finanzielle Nachteile für den Bund, vor allem durch die Mehrausgaben, die sein übereiltes Handeln verursachte.
Der Bundesrechungshof hat dazu folgendes festgestellt:

»Wie hoch die Mehrausgaben insgesamt gegenüber den Ausgaben bei normalem Ablauf von Entwicklung, Erprobung und Fertigung waren, läßt sich nicht zuverlässig ermitteln. Anhaltspunkte dafür, welchen Umfang die Mehrausgaben hatten, ergeben sich jedoch aus nachstehenden Beispielen:
a) Die Überschreitung der vom Hersteller geschätzten Produktionskosten für die in den USA gebauten 96 Flugzeuge F-104 G um mehr als 77 Millionen DM ist überwiegend auf das Nebeneinander von Entwicklung und Fertigung (›Parallellauf‹) zurückzuführen. Entsprechende Mehrkosten müssen auch für die 604 Nachbauflugzeuge angenommen werden, da mit dem Nachbau ebenfalls begonnen wurde, ehe die Entwicklung abgeschlossen war.
b) Besonders hohe Kosten sind bei der Flugzeugausrüstung entstanden. So entschied sich das Bundesministerium entgegen den Empfehlungen des Flugzeugherstellers und der amerikanischen Luftwaffe und ohne genügende Prüfung der Eignung für ein Trägheitsnavigationsgerät, wie es bis dahin noch in keinem Kampfflugzeug verwendet worden war. Obgleich das Gerät erst zum Labormuster entwickelt war, beschaffte das Ministerium 1000 Stück zum Einzelpreis von 400000 DM.
Diese Maßnahme führte zu jahrelangen Schwierigkeiten, da die Geräte die gewünschten Leistungen nicht erbrachten. Die Navigationsanlage mußte während der Serienproduktion ständig weiterentwickelt werden. Später mußten alle Geräte auf einen einheitlichen Fertigungsstand nachgerüstet werden. Die erforderlichen Leistungen wurden dennoch nicht erreicht. Schließlich waren die gegenseitigen Rechte und Pflichten der Vertragsparteien so unübersichtlich geworden, daß die Schwierigkeiten nur noch durch eine Pauschalvereinbarung bereinigt werden konnten. Danach kosteten dann die militärisch nur beschränkt brauchbaren Navigationsanlagen mit Ersatzteilen und Bodendienst- und Prüfgeräten insge-

samt mehr als 700 Millionen DM. Allein für die Bordgeräte mußte dem Auftraggeber ein Preis zugestanden werden, der um 4 Millionen DM höher war als der ursprünglich für Geräte mit brauchbaren Leistungsdaten veanschlagte Höchstpreis.
c) Über die Nachteile, zu denen die Beschaffung des Waffensystems im Bereich der Logistik geführt hat, wollte der Bundesrechnungshof bereits in den Bemerkungen 1967 vorweg berichten. Er mußte davon absehen, weil das Bundesministerium unmittelbar vor der Berichterstattung Sachverhalte bestritt, die unstreitig gewesen waren. Erneute Erhebungen haben die früheren Prüfungsfeststellungen bestätigt:
Da das Waffensystem wegen der mangelnden Beschaffungsreife auch nicht ›versorgungsreif‹ war, sah sich die Bundeswehr vor logistische Aufgaben gestellt, die nicht zu bewältigen waren. Materialgrundlagen (systematische Bezeichnung, Numerierung, Ordnung und Einteilung des Materials), die unabdingbare Voraussetzung für die Vesorgung eines Waffensystems sind, waren nicht vorhanden, als die ersten Ersatzteile geliefert wurden. Wegen der kurzen Fristen sahen sich Lieferanten vielfach gezwungen, Ersatzteile unzureichend gekennzeichnet, zum Teil sogar ohne ›Versorgungsnummern‹, zu liefern. Dies hatte zur Folge, daß die Ersatzteile, als sie benötigt wurden, den Lagern nicht entnommen werden konnten. Aber auch viele Teile, die Versorgungsnummern erhalten hatten, konnten nicht gefunden werden, da die Nummern wegen der häufigen Änderungen an den Flugzeugen und Geräten immer wieder umgestellt wurden. Der Änderungsdienst der Bundeswehr konnte mit dieser Entwicklung nicht Schritt halten. Im Jahre 1967 waren rd. 40 v. H. der zu ändernden Versorgungsnummern noch nicht berichtigt. Auch konnten die Geräte, die nach Austausch gegen andere bei den Betreuungsfirmen überholt werden und zum Teil besonders wertvoll sind (Triebwerke, Klimaanlagen, Funk- und Navigationsgeräte und dergleichen), mit dem herkömmlichen Versorgungsverfahren nicht so erfaßt werden, daß ihr Verbleib jederzeit feststellbar war. Eine im Jahre 1967 angeordnete Lagerbestands- und Verbrauchserfassung bei der Truppe ergab, daß viele dieser Geräte nicht nachweisbar und somit dem Materialkreislauf entzogen worden waren.

Auch waren Ersatzteile wegen der ständigen Änderungen des Waffensystems in immer größerem Umfang nicht mehr zu verwenden.
Die dadurch hervorgerufenen tatsächlichen oder vermeintlichen Versorgungslücken wurden anfangs durch Ausbau von Teilen aus anderen Flugzeugen, später durch umfangreiche, teuere Schnellbeschaffungen mit Hilfe amerikanischer Versorgungsdienste geschlossen, während die Lager mit nicht identifizierten und nicht identifizierbaren Teilen überfüllt waren. So ist die aus den USA bezogene Ersatzteilgrundausstattung wegen der fehlenden Materialgrundlagen nicht – wie es erforderlich gewesen wäre – ihrem Bestimmungszweck und dem Bedarf entsprechend auf die Truppen- und die Industrieinstandsetzung aufgeteilt, sondern den beiden Versorgungszweigen pauschal je zur Hälfte zugeleitet worden. Hierdurch gelangten rd. 20000 Versorgungsartikel mit etwa 600000 Einzelteilen, die der Industrieinstandsetzung dienen sollten, in ein Depot, das nur die Truppe zu versorgen hatte. Die Truppe hatte für diese Teile keine Verwendung, die Industrie dagegen zu dem Depot keinen Zugang. Sie war gehalten, ihren Ersatzteilbedarf bei einem Luftwaffenparkregiment zu decken. Dieses wiederum hielt sich nicht für berechtigt, über die Bestände in dem Depot zu verfügen. Es ergänzte seine Vorräte, wenn sie unter ein bestimmtes Soll sanken, durch Neubeschaffungen. Auf die im Depot lagernden Bestände griff es nur in wenigen Ausnahmefällen leihweise zurück, nämlich nur dann, wenn seine eigenen Vorräte erschöpft und bestellte Lieferungen nicht rechtzeitig eingetroffen waren. Die meisten für die Industrie bestimmten Teile blieben daher in dem Depot vier, zum Teil bis zu sieben Jahre lang unbewegt und teilweise auch unerkannt liegen.
Um verwendbare Teile des mit eigenen Kräften nicht identifizierbaren Lagerbestandes in dem Depot doch noch der Versorgung zugänglich machen zu können, beauftragte das Bundesamt für Wehrtechnik und Beschaffung schließlich im Jahre 1965 drei Firmen, das Lager zu bereinigen. Die Arbeiten erwiesen sich als schwierig und zogen sich bis 1969 hin. Sie haben mehr als 2 Millionen DM gekostet. Teile, die technisch noch verwendbar zu sein schienen, wurden den mit der In-

standhaltung und Instandsetzung betrauten Firmen zur Verfügung gestellt. Ob an ihnen noch Bedarf besteht, ist allerdings zweifelhaft, nachdem die Flugzeuge mehrmals umgerüstet und die Bestände der Industrie laufend aufgefüllt worden sind.
Ende 1967 hat das Bundesministerium neue Verfahren für die endgültige Kennzeichnung der Versorgungsartikel des Waffensystems sowie für eine zentrale Erfassung und Überwachung der Bestände eingeführt. Damit und mit der Übertragung von logistischen Teilaufgaben auf die Industrie sowie durch Ermächtigung an sie, noch erforderliche Ersatzteile selbst zu beschaffen, hofft es, die ungestörte Versorgung des Waffensystems für die restlichen Jahre der Indiensthaltung sichergestellt zu haben. Der Schaden, der auf dem Gebiet der Versorgung eingetreten war, konnt jedoch dadurch nicht mehr beseitigt werden. Er muß bei vorsichtiger Schätzung mit mehreren hundert Millionen DM angenommen werden.«

Soweit die haarsträubenden, für den Minister Strauß geradezu vernichtenden Feststellungen des Bundesrechnungshofs über die von ihm zu verantwortenden vermeidbaren Mehrausgaben.

Der Bundesrechnungshof hat sich aber auch mit der Unterrichtung des Deutschen Bundestags und seiner Ausschüsse durch Minister Strauß ausführlich befaßt und ist dabei zu folgenden Ergebnissen gekommen:

»Dem zweiten Komplex – unzureichende und unzutreffende Unterrichtung der Bundestagsausschüsse – liegt folgender Sachverhalt zugrunde:
Bei der ersten Vorlage an die Ausschüsse im Oktober und November 1958 hat das Bundesministerium nicht mitgeteilt, daß das Flugzeug, das es beschaffen wollte, bis dahin nur als Schönwetterjäger für amerikanische Verhältnisse hergestellt worden war und daß es erst noch zum Allwetter-Mehrzweckflugzeug umkonstruiert und weiterentwickelt werden mußte. Am 26. November 1958 äußerte es sich dahin, an der

Maschine und an dem Triebwerk sei nichts zu ändern; es handele sich nur darum, in die vorhandene Zelle alles einzubauen, was in der Bundesrepublik Deutschland gebraucht werde.

Im Februar 1959 erklärte das Ministerium, es gehe nur darum, eine voll ausgereifte amerikanische Kampfmaschine ohne Änderung von Zelle und Triebwerk in drei Punkten zu verbessern und zu ergänzen. Die Elektronik sei fertig vorhanden, ihre Größenabmessungen stimmten mit der Zelle überein und sie sei auch schon versuchweise eingebaut worden; die neue Ausstattung sei im Einzelteil fertig, lediglich die Komposition der einzelnen Teile müsse noch abgestimmt werden, damit sie dann in einer nicht lange dauernden Erprobungsserie festgelegt werden könnte.

Demgegenüber war dem Bundesministerium bekannt, daß die Entwicklungen und die notwendigen Erprobungen viel weitergehend und langwieriger sein würden, daß insbesondere die gewünschte Elektronik im wesentlichen erst noch entwickelt werden mußte und daß für mehrere Geräte noch nicht einmal Ausrüstungsforderungen vorhanden waren.

Erst im März 1959 deutete das Bundesministerium an, daß die Entwicklung einen größeren Umfang habe. Es stellte aber auch jetzt noch den Umfang der Entwicklung und das mit ihr verbundene Risiko als zu gering dar. Abweichend von den eigenen Erkenntnissen erklärte es, im wesentlichen müßten nur verschiedene Leitungen anders verlegt werden, und es könne sich höchstens darum handeln, daß einige neue Geräte in ihrem Zusammenwirken nicht den gewünschten Wirkungsgrad erreichten.

Die weitere Erklärung, der amerikanische Flugzeughersteller werde sich am Risiko der Weiterentwicklung mit 25 v. H. der Kosten beteiligen, entsprach nicht den Vereinbarungen. Eine Kostenbeteiligung war nur für den Fall vorgesehen, daß die Bundesrepublik Deutschland den Vertrag kündigte. Die Entwicklungsziele für die Fertigung der Flugzeuge galten nicht einmal als verbindliche Leistungsverpflichtungen, geschweige denn als zugesicherte Eigenschaften. Aber auch bei einer Kündigung hätte wegen der ungenauen Leistungsbeschreibungen kaum Aussicht bestanden, eine Kostenbeteiligung des Herstellers durchzusetzen.

Selbst noch im Jahre 1962 erhielten die Ausschüsse unzutreffende Auskunft über den Stand der Entwicklung und über die noch entstehenden Ausgaben.
Der Bundesrechnungshof hat das Ministerium gebeten mitzuteilen, weshalb es aus der unzureichenden und unzutreffenden Unterrichtung des Bundestages keine personellen Folgerungen gezogen hat.
Das Bundesministerium hat erwidert, daß der Verteidigungsausschuß und der Haushaltsausschuß über das Vorhaben, besonders die Konsequenzen, die sich aus der Umstellung des amerikanischen Abfangjägers F 104 auf ein Mehrzweckflugzeug ergeben würden, zwar schriftlich nicht ausreichend unterrichtet worden seien. In den Betrachtungen beider Ausschüsse habe das Ministerium auf Fragen von Abgeordneten aber eingehendere Angaben gemacht, u. a. über die Elektronik, das Triebwerk und den Schleudersitz. Die Ausschüsse hätten jedenfalls in Kenntnis der Tatsache, daß umfangreiche Änderungen nötig würden, der Beschaffung trotz der von Abgeordneten geäußerten Bedenken zugestimmt. Wieweit die Entscheidung des Haushaltsausschusses durch die Erklärung, daß ›sowohl das Triebwerk als auch die Außenteile der Zelle von der sogenannten Weiterentwicklung nicht berührt‹ würden, beeinflußt worden sei, werde sich zwar nicht mehr feststellen lassen. Immerhin sei von ihm, dem Ministerium, darauf hingewiesen worden, daß das durch gleichzeitige Entwicklung und Fertigung entstehende Risiko in Kauf genommen werden sollte, damit eine verspätete Lieferung der Flugzeuge und ein damit verbundener höherer Preis vermieden würden, und daß auch bei den veranschlagten Kosten Änderungen – ›wenn auch nicht in erheblichem Umfang‹ – zu erwarten seien. Ob diese Bemerkungen ausgereicht hätten, dem Haushaltsausschuß ein zutreffendes Bild von dem Kostenrisiko zu geben, müsse allerdings dahingestellt bleiben.
Auch der Verteidigungsausschuß sei, und zwar in seiner Sitzung am 4. März 1959, darüber informiert worden, daß die endgültigen Kosten noch nicht genau übersehen werden könnten und eine genaue Preisermittlung erst möglich sein werde, ›wenn die Entwicklung durchgeführt‹ sei.
Den Vorwurf, das Bundesministerium habe den Verteidi-

gungsausschuß am 21. März und im Juni 1962 bei der Vorlage des 3. Flugzeugbeschaffungsprogramms unzutreffend unterrichtet, als es erklärte, die Entwicklung sei abgeschlosen und es fielen keine weiteren Kosten mehr an, hat es mit der Behauptung zurückgewiesen, die danach noch durchgeführten Entwicklungsarbeiten im Wert von mehr als 60 Millionen DM seien lediglich Programme gewesen, die über die ursprünglich beabsichtigte Entwicklung hinausgegangen seien. Warum keine personellen Folgerungen gezogen worden sind, als erkennbar wurde, daß das Parlament über wichtige Tatsachen unzureichend unterrichtet worden war, lasse sich nicht mehr feststellen.

Nach Ansicht des Bundesrechnungshofes sind die unzulänglichen Informationen, die das Ministerium den Ausschüssen in seinen schriftlichen Vorlagen gegeben hatte, durch die mündlichen Erläuterungen in den Ausschußsitzungen nicht hinreichend berichtigt worden. Diese waren vorwiegend darauf abgestellt, die in den Ausschüssen laut gewordenen Befürchtungen zu beschwichtigen.

Die Entwicklung des Waffensystsems war, entgegen der Einlassung des Ministeriums, auch im Jahre 1962 noch nicht abgeschlossen. Alle damals noch laufenden Entwicklungsprogramme zielten darauf ab, das Flugzeug erst einmal als Waffensystem brauchbar zu machen, es den gewünschten Leistungsdaten anzunähern oder seine Brauchbarkeit zu testen. Noch im Dezember 1962 stellte die Erprobungsstelle fest, daß die Flugzeuge ›kaum verwendungsfähig‹ waren. Der amerikanische Hersteller erklärte, sie könnten allenfalls als ›pre-tactical airplanes‹, nicht jedoch als ›operational airplanes‹ verwendet werden; selbst der NATO-Rat mußte im Dezember 1962 die Konsequenzen erörtern, die sich daraus ergaben, daß die F-104 G als Allwetterjäger nicht einsetzbar war. Dem Bundesministerium war im Jahre 1962 bekannt, daß die Entwicklung des Waffensystems noch mindestens bis Mitte 1964 dauern und weitere Kosten verursachen werde. Dem Verteidigungsausschuß, der danach gefragt hatte, teilte es das aber nicht mit.«

Bundesminister Strauß hat jedoch nicht allein öffentliche Mittel in Milliardenhöhe verschleudert und das Parlament fortgesetzt getäuscht oder täuschen lassen; sein pflichtwidriges Verhalten schädigte auch, über die Schwächung der Einsatzbereitschaft und Verteidigungskraft der Bundeswehr hinaus, das nationale und internationale Ansehen der Streitkräfte. Vor allem aber setzte Minister Strauß damit Leben und Gesundheit der seinem Kommando – und damit auch seiner Fürsorgepflicht – anvertrauten Luftwaffenangehörigen sowie äußerst kostspielige Waffensysteme und Geräte aufs Spiel und handelte dabei mindestens grob fahrlässig.

In diesem Zusammenhang ist natürlich in erster Linie an die geradezu bestürzende Häufigkeit von Abstürzen der F-104 G zu denken, bei denen wegen technischer Mängel der anfangs verwendeten Schleudersitze besonders viele Menschenleben zu beklagen waren.

Bis zum 26. August 1972 waren nach amtlichen Mitteilungen insgesamt 155 Maschinen des Typs F-104 G durch Absturz verlorengegangen, und es waren dabei 72 Menschenleben zu beklagen.*

Diese alarmierend hohe Anzahl von – häufig tödlich verlaufenden – Unglücksfällen, für die der ehemalige Verteidigungsminister Strauß die Hauptverantwortung trägt, wäre noch weit höher, hätten nicht seine Amtsnachfolger die Einsätze der F-104 G drastisch vermindert und an Bedingungen geknüpft, die die Unfallgefahr – auf Kosten der Kampfkraft und Einsatzbereitschaft – bedeutend verringerten.

Die bisher veröffentlichten Ziffern schließen übrigens die Verluste an Maschinen des Typs F-104 G vor oder nach dem Flug, durch Fehlstarts oder Bruchlandungen, nicht ein.

* Bis Ende 1979 waren insgesamt 209 F-104 G durch Absturz verlorengegangen; 92 Menschen hatten dabei den Tod gefunden.

Sie geben auch keinen Aufschluß darüber, wie viele Familienangehörige die bei ›Starfighter‹-Unfällen ums Leben gekommenen Piloten hinterlassen haben und welche Kosten dem Bund aus der Versorgung der Witwen und Waisen erwachsen sind, ganz zu schweigen von dem menschlichen Leid, das letztlich durch das pflichtwidrige, verantwortungslose und allein von persönlichem Machtstreben bestimmte Handeln des Ministers Strauß verursacht wurde.
Schließlich sei auch noch daran erinnert, welche enormen Mittel die Ausbildung der F-104 G-Besatzungen erfordert hat – je Pilot mehr als 1 Million DM –, und daß nach dem steilen Anstieg der Absturzziffern eine Vielzahl von ausgebildeten Piloten den Dienst kündigten und aus der Luftwaffe ausschieden.
Bei der Beschaffung der F-104 G gab es indessen auch noch gewisse Begleitumstände, die – gerade im Hinblick auf die zahlreichen Menschenleben, die das ›Starfighter‹-Abenteuer forderte, und auf die astronomischen Summen, die es verschlang – erwähnt werden müssen. Sie zeigen, wie verantwortungs-, aber auch würdelos der seinerzeitige Bundesminister der Verteidigung Strauß bei den Verhandlungen um das größte Rüstungsprojekt der Bundesrepublik in Amerika seinen Geschäftspartnern gegenüber auftrat und wie leichtfertig er als amtierender Minister und Oberbefehlshaber der Bundeswehr sein eigenes wie auch das Ansehen der Bundesrepublik aufs Spiel setzte. Zum Beweis sei noch einmal die bereits erwähnte, Herrn Strauß seit 1967 bekannte, von ihm nie beanstandete Dokumentation zitiert:

Am 5. April 1965 überreichten die Münchner Rechtsanwälte Dr. Otto Gritschneder und Dr. Hans Weber der

18. Zivilkammer des Landgerichts München I einen umfangreichen Schriftsatz. Als Vertreter des von Franz Josef Strauß »wegen Widerrufs und Schmerzensgeldes« verklagten *Spiegel*-Herausgebers Rudolf Augstein legten die beiden Anwälte auf 73 Schreibmaschinenseiten dar, was ihren Mandanten zu schreiben bewogen habe, Strauß sei ein »der Korruption schuldiger Minister«.
Von den zahlreichen Beweispunkten, die die Rechtsanwälte anführten, sind in diesem Zusammenhang nur die auf den Seiten 18 bis 23 des Schriftsatzes von Interesse, denn sie befassen sich mit den Begleitumständen des Starfighter-Kaufs und mit den Beziehungen des Klägers, Franz Josef Strauß, zur Firma *Lockheed*.
Indessen lassen sich die Ausführungen der Rechtsanwälte nicht wörtlich wiedergeben, wenn man nicht die in unserer Zeit zwar schon sehr weit gezogenen, aber immer noch bestehenden Grenzen einer Berichterstattung aus der sogenannten Intimsphäre verletzen will. Wir müssen uns deshalb auf einige für das Verständnis der Zusammenhänge unerläßliche Andeutungen beschränken:
Zunächst wird in dem Schriftsatz die erste Amerika-Reise behandelt: der offizielle Besuch des Verteidigungsministers der Bundesrepublik Franz Josef Strauß in der Zeit vom 21. September bis 2. Oktober 1959 mit den Stationen New York, Montreal, Ottawa, Vancouver, Ottawa mit einem Abstecher nach Detroit und dem Rückflug über New York.
Alsdann befaßte sich der Schriftsatz mit der zweiten Amerika-Reise des Ministers Strauß vom 7. Juni bis 21. Juni 1960 mit den Stationen New York, Brunswick, Los Angeles, San Francisco, Washington. Auf dieser Reise, die unter anderem wegen der Verhandlungen mit *Lockheed* über den Starfighter durchgeführt wurde, kam es –

wie schon bei der ersten Amerika-Reise – zu einigen sehr peinlichen Zwischenfällen bei gewissen Vergnügungen des Ministers Strauß –, peinlich um so mehr, als die Kosten dieser Vergnügungen von der Firma *Lockheed* getragen wurden. Insbesondere das Verhalten des Ministers Strauß im Hotel *Ambassador* in Los Angeles und in *Rickey's Studio Inn* in Palo Alto bei San Francisco wurde von den Rechtsanwalten als Beweis dafür angeführt, daß Strauß von ihrem Mandanten Augstein zu Recht als »der Korruption schuldiger Minister« bezeichnet worden sei. Der Schriftsatz befaßt sich dann weiter mit einer dritten Amerika-Reise, die Franz Josef Strauß in der Zeit vom 13. Juli bis 2. August 1961 über New York, Washington und Seattle nach San Franzisco geführt hatte. Auf dieser Reise kam es dann wieder zu einem jener für das Verhalten des Ministers Strauß offenbar typischen Zwischenfälle, und hier sei ausnahmsweise einmal der Schriftsatz wörtlich zitiert – was wir bislang aus den erwähnten Gründen strikt vermieden haben –, damit der Leser sich ein Urteil bilden kann, wie sich der damalige Bundesverteidigungsminister und heutige Kanzlerkandidat bei seinen offiziellen Amerika-Reisen aufgeführt hat:

»Mit einer Flasche Whisky in der Tasche zog der Kläger in der Nacht vom 25./26. Juli nach einem Herrenabend beim deutschen Generalkonsul in San Francisco in der 49 Marccia Avenue in das Negerviertel hinter der Market Street. Dort landete er schließlich in einer Prostituierten-Kneipe billigster Art. Gegen 2 Uhr früh besorgte ihm ein schwarzer Zuhälter nach kurzer Rücksprache mit dem Kläger eine Begleiterin. Der Kläger nahm die Negerin in das exklusive Hotel *St. Francis* mit, wo er im ersten Stock eine Ecksuite bewohnte. Auf der Fahrt zum Hotel wurde er, dessen Bild in den Zeitungen San Franciscos erschienen war, von dem Taxichauffeur erkannt, der ihn fuhr. Anderntags meldete sich dieser

Chauffeur beim *San Francisco Examiner* mit der Information, er habe in der Nacht den deutschen Verteidigungsminister zusammen mit einer schwarzen Prostituierten und einem Amerikaner vom Negerviertel zum *St. Francis* gefahren.
In der Hotelhalle des *St. Francis* erregte der Kläger mit seiner Begleiterin Aufsehen. Der Manager des *St. Francis*, der mit seiner 20jährigen Tochter Mimi, einer Debütantin des Jahres 1961, noch an der Bar saß, wurde verständigt, wollte aber keinen Skandal provozieren.
Der Kläger ging mit der Farbigen in sein Appartement und hielt sich dort mit ihr eine knappe Stunde im Schlafzimmer auf.«

Im Schriftsatz werden dann noch peinliche Einzelheiten, die Bezahlung betreffend, beschrieben. Wir wollen darauf verzichten, doch sei fairerweise angemerkt, daß die Kosten dieses Aufenthalts in San Francisco – im Gegensatz zu den Kosten des Besuchs im Jahre 1960 – nicht von der Starfighter-Firma *Lockheed* bestritten wurden, sondern durch das Generalkonsulat der Bundesrepublik, also aus öffentlichen Mitteln, wobei Generalkonsul Dr. Franz Beer über die Höhe der Rechnungen nicht wenig erstaunt gewesen ist.
Kaum war dieser Schriftsatz der 18. Zivilkammer des Landgerichts München I (und dem Strauß-Anwalt Dr. Ossmann) zugegangen, da erklärte CSU-Generalsekretär Anton Jaumann namens der von Franz Josef Strauß geführten Partei:
»Wir sind erschüttert, über das ungeheuer niedrige Niveau, mit dem hier versucht werden soll, einen verdienstvollen Politiker herabzusetzen und auszuschalten!«
Der CSU-Parteitag und die Wahl des 1. Vorsitzenden standen unmittelbar bevor, und diese Tatsache mag erklären, weshalb sich Franz Josef Strauß von seinen Parteifreunden dazu überreden ließ, wegen der seine Ameri-

ka-Reisen betreffenden Passagen des Schriftsatzes eine Privatklage gegen Rudolf Augstein anzustrengen. Er konnte nun behaupten, der Strafrichter werde den Verleumder aburteilen. Anderseits freilich war nun die Prüfung der von den Augstein-Anwälten angebotenen Beweise für die erhobenen Vorwürfe kaum noch zu umgehen.

Doch was er auch mit seiner Privatklage bezweckt haben mag, die Antwort des Privatbeklagten Augstein muß Strauß erheblich aus der Fassung gebracht haben. Denn unter dem 18. Juli 1965 schrieb Rechtsanwalt Dr. Josef Augstein an das – für die Privatklage zuständige – Amtsgericht München 35:

»Für die üble Nachrede wird der Wahrheitsbeweis geführt werden. Der Privatbeklagte hat selbst ein Interesse an der Klärung. Die (Benennung der) Zeugen werde ich in Kürze nachreichen.«

Fortan hatten es der Kläger Strauß und sein Anwalt Dr. Ossmann nicht mehr eilig. Sie drängten nicht mehr auf Klärung, sondern warteten ab. Und die Justiz ließ sich Zeit. So ging es bis zum Donnerstag, dem 16. Juni 1966, morgens 8.35 Uhr. Dann kam die Wende: Für diesen Morgen war nämlich vom Antsgericht ein ungewöhnlich früher Termin anberaumt worden. Um 8.40 Uhr sollte in der Privatklage Strauß gegen Augstein der erste Zeuge vernommen werden. Fünf Minuten vorher aber erhob sich Strauß-Anwalt Dr. Ossmann und teilte dem verdutzten Vernehmungsrichter kühl und sachlich mit, sein Mandant, Franz Josef Strauß, wollte die Sache vereinfachen:

Sämtliche Punkte, die sich auf die Ausgaben der Firma *Lockheed* für den Minister Strauß bezogen, wolle der Herr CSU-Vorsitzende nicht länger zum Gegenstand seiner Privatklage machen. Strauß habe auch nicht mehr das Gefühl, daß das Intermezzo mit der schwarzhäutigen Dame, die Parties in *Rickey's Studio Inn* oder in Seattle seiner Ehre als Politiker so abträglich seien, daß sie unbedingt geklärt werden müßten.

Nur wegen dreier, vergleichsweise harmloser Punkte wolle Strauß seine Klage aufrechterhalten. Einer dieser drei Punkte betraf die Behauptung, es sei Herr Jahn, Unternehmer der ›Wienerwald-Brathendl-Stationen‹ gewesen, der Franz Josef Strauß in New York mit einer Dame versorgt habe. Das war um so erstaunlicher, als die Augstein-Anwälte schon am 9. April 1965, also noch vor Erhebung der Privatklage, sich in bezug auf Herrn Jahn berichtigt hatten.

Die Zurücknahme der Privatklage in allen wichtigen Punkten und insbesondere in solchen, die die Beziehungen zwischen Strauß und der Firma *Lockheed* in einem seltsamen Licht erscheinen ließen, konnte nichts anderes bedeuten, als daß in der Öffentlichkeit der Eindruck entstehen mußte, Strauß gebe die Wahrheit der aufgestellten Behauptungen zu.

Indessen: Dieser Eindruck entstand in der Öffentlichkeit nicht. Es entstand gar kein Eindruck – aus dem einfachen Grunde, weil die Öffentlichkeit gar nichts von dieser Prozeßentwicklung erfuhr. Sie war von dem Termin ausgeschlossen gewesen ...

Was aber mochte Franz Josef Strauß bewogen haben, seine Klage in allen gravierenden Punkten zurückzuziehen? Vielleicht die Tatsache, daß vor der Tür des Amtsgerichtssaales ein Zeuge wartete, der all das, was über die ›Aufmerksamkeiten‹ der Firma *Loockheed* für den Starfighter-Käufer Strauß behauptet worden war, aus eigenem Wissen hätte bestätigen müssen. Jener Zeuge war niemand anders als ein alter Duzfreund des Ex-Verteidigungsministers Strauß aus einer Zeit, als dieser sich noch schlicht ›Franz‹ nannte und noch nicht einmal Landrat in Schongau geworden war. Sein Name: Ernest F. Hauser. Strauß und Hauser waren auch in Verbindung geblieben, nachdem Hauser Deutschland verlassen hatte und in anderen Weltteilen Dienst tat. Diese erweislich wahre Behauptung würde von Strauß mit großem Nachdruck bestritten:

In einer Zuschrift an die *Frankfurter Rundschau* vom 29. März 1966 erklärte Franz Josef Strauß, er habe »Herrn Hauser erst im Laufe des Jahres 1961 in Amerika durch Zufall wiedergesehen« und bis dahin »überhaupt keine Verbindung oder sonst irgendwelche Beziehungen zu ihm« gehabt. Er habe nicht einmal gewußt, »wo er (Hauser) sich aufhält«.

Warum bestritt Strauß so energisch, mit seinem alten Freund Hauser zwischenzeitlich Kontakt gehalten zu haben – eine Tatsache, die sich sogar dokumentarisch beweisen ließe –, und warum wollte er Hauser »erst im Laufe des Jahres 1961 durch Zufall wiedergesehen« haben, obwohl feststeht, daß dieses Treffen verabredet gewesen war?

Legte Strauß etwa besonderen Wert darauf, jede noch so vage Vermutung zu widerlegen, seine alte Freundschaft mit Hauser könnte irgend etwas mit den Merkwürdigkeiten des Starfighter-Kaufs zu tun haben? Konnte denn solche Vermutung überhaupt aufkommen? Nun, der Leser urteile selber:

Unter dem Datum vom 16. Juni 1961 schrieb der damalige Bundesminister der Verteidigung Franz Josef Strauß an seinen Freund Ernest F. Hauser folgenden Brief:

»Ich habe Herrn Robert Gross einen Brief geschrieben, den ich in Abschrift diesem Brief beifüge. Hoffentlich hat mein Schreiben den erhofften Erfolg. Du müßtest Dich also jetzt unter Berufung auf meine Intervention an Robert Gross wenden und ihn um eine Gelegenheit für eine Unterhaltung bitten. Ich hoffe auf ein Wiedersehen in Kalifornien und bin mit vielen Grüßen – auch von meiner Frau – Dein F. J. Strauß.«

Nun braucht man nur noch zu wissen, daß der erwähnte Robert Gross damals der Aufsichtsrats-Vorsitzende der Firma *Lockheed* war, und daß sein Bruder, Courtlandt Gross, der dem Flugzeugbauunternehmen als Generaldirektor vorstand, den Spezi des Großkunden natürlich sofort einstellte.
Schon am 5. August 1961 konnte Franz Josef Strauß an Ernest Hauser schreiben:

»Lieber Ernst! Ich möchte Dir nochmals für die schöne, leider viel zu kurze Zeit, die ich während meines Aufenthalts in Kalifornien mit Dir zusammen sein konnte, danken.
Nun hoffe ich auch, daß Dein Wunsch, nach Deutschland zu kommen, endgültig in Erfüllung geht. In New York erreichte mich die Mitteilung von Courtlandt Gross, daß Lockheed Dich nun fest eingestellt hat und nach einer Einweisung, die in Deinem Interesse recht gründlich sein sollte, nach Koblenz schicken wird.
Ich freue mich schon jetzt auf das Wiedersehen in Bonn.
Viele herzliche Grüße
Dein F. J. Strauß.«

Soweit die Dokumentation von 1967.
Ergänzend sei hinzugefügt, daß der Lockheed-Repräsentant Ernest F. Hauser während der vom Bundesrechnungshof so hart gerügten Zeit fortgesetzter Pannen im ›Starfighter‹-Programm einerseits die Lieferfirma der F-104 G gegenüber dem Bundesverteidigungsministe-

rium vertrat, anderseits enge private Beziehungen zu Minister Strauß unterhielt. So übernahm Minister Strauß beispielsweise die Patenschaft des am 9. Mai 1963 zu Bonn-Plittersdorf getaufen Kindes von Ernest F. Hauser, das die Namen Ernst Alfred Franz Josef erhielt.
Ernest F. Hauser, der nach dem Rücktritt des Verteidigungsministers Strauß schon bald seine Bonner Tätigkeit für Lockheed aufgab und dann andere Rüstungslieferanten vertrat, kam bald mit dem Gesetz in Konflikt. Von der 1. Strafkammer des Landgerichts Bonn wurde Hauser wegen fortgesetzter Untreue in Tateinheit mit Urkundenfälschung und Urkundenvernichtung zu einem Jahr Freiheitsstrafe auf Bewährung und 500 DM Geldstrafe verurteilt.
Wir erwähnen dies nur, weil der Fall Hauser, wie noch dargelegt werden wird, in gewisser Weise typisch ist für den von Dr. h. c. Strauß, auch während seiner Amtszeiten als Minister und als Oberbefehlshaber der Bundeswehr, bevorzugten – halb dienstlichen, halb privaten – Umgang mit zwielichtigen, mit dem Ruch der Korruption behafteten Personen.
In einer Leserzuschrift an die *Frankfurter Rundschau* vom 9. 3. 1966 ging Strauß auf Veröffentlichungen der Zeitschrift *deutsches panorama* ein, die von der *FR* auszugsweise nachgedruckt worden waren. Er bestritt, daß Ernest F. Hauser Mitglied des CIC gewesen wäre. Er behauptete, den »Besatzungsoffizier« Hauser im Oktober 1945 als stellvertretender Landrat kennengelernt, dann bis zu einem zufälligen Treffen in Amerika im Jahre 1961 keinerlei Verbindung oder Beziehung zu ihm gehabt zu haben. Er bezeichnete Hauser als »kleinen Angestellten bei der deutschen Vertretung einer amerikanischen Firma«, der keinerlei Einfluß auf die Gestaltung des Star-

fighter-Auftrags und dessen Abwicklung hätte nehmen können.

Die Zeitschrift *deutsches panorama* stellte in ihrer Ausgabe 4/66 vom April 1966 dazu fest:

»Laut Dokument AG 300.4-GNMCF des Hauptquartiers der 3. US Army, Feldpostnummer 403, war der damalige First Lieutenant Ernest F. Hauser, Stammrollennummer 01039671 AUS, im Jahre 1945 Offizier im ›Military Intelligence Service‹ (Militärischer Nachrichtendienst) des Hauptquartiers USFET (Rear) und Chef der in Schongau stationierten Abteilung des Geheimdienstes. Mit der gleichen Exaktheit läßt sich auch alles übrige nachweisen, was wir über Hausers Wirken in Schongau geschrieben haben.«

Zu den übrigen Behauptungen des Ministers Strauß schrieb *deutsches panorama*:

»1. Es bestand in den Jahren zwischen Hausers Weggang von Schongau und dem angeblich zufälligen Wiedersehen in Amerika ein ständiger, wenn auch lockerer Kontakt zwischen Hauser und Strauß.

2. Das Treffen in Amerika fand nicht zufällig statt; es war verabredet worden.

3. Im Frühsommer 1960, als Strauß angeblich zu Hauser noch keinerlei Kontakt wieder hatte, empfahl er ihn dem Lockheed-Präsidenten Robert Gross für den Posten in Bonn (was in Anbetracht des Starfighter-Auftrags fast einem Diktat gleichkam). Aber schon im Frühjahr 1960 hatte er Hauser einer deutschen Dienststelle empfohlen.

4. Der von Strauß als ›kleiner Angestellter‹ ohne Einfluß abgetane Hauser hatte übrigens als Lockheed-Verbindungsmann in Bonn und Koblenz Jahresbezüge von rund 17000 Dollar netto, was einem Bruttojahresgehalt von etwa 100000 DM entspricht – nicht eben wenig für einen ›kleinen Angestellten‹!

5. Der Minister pflegte mit dem ›kleinen Angestellten‹ ungewöhnlich freundschaftlichen Umgang – auch in Bonn. Diese Freundschaft läßt sich dokumentieren, beispielsweise bei

dem Düsseldorfer Bankhaus Marx, Poensgen & Co., unter Zuhilfenahme des ›Sonderkonto II CSU‹, Nr. 12010. Verfügungsberechtigt: Franz Strauß.«

Im Winter 1975/76 mußte sich ein Untersuchungsausschuß des amerikanischen Senats mit den Geschäftspraktiken des Lockheed-Konzerns befassen. Lockheed hatte Politiker und Militärs zahlreicher mit den USA verbündeter Staaten allein seit 1970 mit insgesamt mindestens 24,4 Millionen Dollar bestochen, nicht zu reden von einer kaum geringeren Summe in den sechziger Jahren. Es war der größte Schmiergeld-Skandal der Geschichte. Er erschütterte Kolumbien, Mexiko, Schweden, die Türkei, Italien, die Niederlande und vor allem Japan. Zwei ehemalige japanische Ministerpräsidenten wurden als Schmiergeld-Empfänger überführt und gingen im Lockheed-Strudel unter. In Holland kam das Königshaus ins Gerede; Prinz Bernhard trat von allen öffentlichen Ämtern zurück.

Ebenfalls ins Zwielicht geriet der Mann, der in den sechziger Jahren den größten Einzelauftrag überhaupt an Lockheed erteilt hatte: der frühere Bundesverteidigungsminister Franz Josef Strauß. Ausgerechnet sein alter Intimus Ernest F. Hauser, den er Lockheed mit Nachdruck empfohlen, dessen Trauzeuge, Kindspate und Retter aus finanzieller Bedrängnis er geworden war, belastete ihn und auch die CSU durch Zeugenaussagen, die die politische Karriere von Franz Josef Strauß hätten beenden können. Doch Hauser hatte letztlich keine stichhaltigen Beweise für seine Anschuldigungen; Strauß nannte ihn einen »Schwindler«, verdächtigte den alten Spezi als Werkzeug der Kommunisten und konnte schließlich befriedigt feststellen, daß sich alle Vorwürfe gegen ihn und seine Partei als »haltlos« erwiesen hätten; die Berichterstattung angesehener bundesdeutscher Blätter wie der »Süddeutschen Zeitung« nannte er in diesem Zusammenhang »Gangsterjournalismus«.

4. Die BMW-Affäre oder der »Ruch der Korruption«

Im Frühjahr 1963 kam bei einem Verkehrsunfall in Nürnberg ein 46jähriger Jurist ums Leben, der ungewöhnlich viele hochbrisante Geheimnisse mit ins Grab nahm: Der Rechtsanwalt Dr. Hartwig Cramer, ein Schulfreund des Franz Strauß, der auch zum Kreis der jungen Männer um den »Ochsensepp« gehört hatte, vor allem aber der Rechtsbeistand des Ministers Strauß in vielen Prozessen gewesen war.
Bei diesen Prozessen ging es fast immer um Affären des Ministers, genauer: um die Berichterstattung über solche Affären in der bundesdeutschen Presse. Die Taktik war auf seiten des Klägers Strauß stets die gleiche: Der unangreifbare, weil wahre und beweisbare Kern eines Berichts wurde nicht beanstandet. Vielmehr wurde versucht, möglichst viele nebensächliche Einzelheiten und ungenaue Formulierungen mit allen juristischen Mitteln zu bekämpfen, dadurch die ganze Berichterstattung unglaubwürdig zu machen und dem Gegner so hohe Kosten zu verursachen, daß er die Lust an weiteren Angriffen verlor. Zwar war diese Taktik nicht immer erfolgreich, aber Dr. Hartwig Cramer konnte so doch viele für Minister Strauß höchst ärgerliche und peinliche Vorwürfe wenigstens viertel- oder halbwegs entkräften, daß ihm von seinem Freund und Mandanten Franz Josef Strauß mehr als nur Dank und das ihm zustehende Honorar gebührte.

Nun gilt Franz Josef Strauß als ein mit seinem eigenen Geld äußerst sparsam umgehender Mann. Da traf es sich gut, daß er Minister in Bonn war und über Mittel verfügte, Freunde zu belohnen, ohne in die eigene Tasche greifen zu müssen. So hatte Strauß beispielsweise viel persönliche Dankesschuld in seinem angestammten Wahlkreis Schongau-Weilheim dadurch abzutragen vermocht, daß er sich dafür einsetzte, die Bundeswehr solle bei Landkäufen in diesem Bereich nicht die üblichen Preisgrenzen einhalten, sondern mit fast doppelt so hohen Angeboten Großzügigkeit beweisen. Daß dies zu Lasten der Steuerzahler ging, kam Strauß wohl nicht in den Sinn, wohl aber dem Bundesrechnungshof, der mit der üblichen Nüchternheit und Zurückhaltung rügte: »Das Verfahren stand nicht im Einklang mit dem Grundsatz der Gleichheit vor dem Gesetz. Es widersprach auch dem Gebot wirtschaftlicher Verwendung der Haushaltsmittel.« Im Fall der Abstattung seiner Dankesschuld an seinen Freund und Rechtsbeistand Dr. Hartwig Cramer ging Strauß anders vor: Als das Ministerium NATO-Aufträge im Wert von rund 300 Millionen DM an die BMW-Tochtergesellschaft »Triebwerkbau GmbH« in Allach zu vergeben hatte, erhielt Cramer von Strauß den Auftrag, die wirtschaftliche Lage des Unternehmens zu überprüfen. Cramer wurde ordnungsgemäß bestellt, arbeitete einen Sanierungsplan aus, dem die bayerische Staatsregierung am 25. März 1959 erwartungsgemäß zustimmte; es wurden BMW nur einige organisatorische und personelle Auflagen gemacht. Die wichtigste personelle Bedingung war, Dr. Cramer in den Aufsichtsrat zu berufen. Und so geschah es: 1960 wurde Rechtsanwalt Dr. Cramer Aufsichtsratsvorsitzer der BMW-Triebwerkbau GmbH.

Nun ist es zwar durchaus üblich, daß sich Geldgeber da-

durch abzusichern versuchen, daß sie ihnen kompetent erscheinende Kontrolleure in die von ihnen finanzierten Unternehmen einschleusen. Es bleibt eine Stilfrage, ob sie sich dabei auch zu einer Vetterli-Wirtschaft verleiten lassen; ob sie, zumal wenn es nicht um private, sondern um öffentliche Mittel geht, selbst jeden Anschein des Spezitums vermeiden wollen oder nicht.
Strauß versuchte, seine zahlreichen Affären damit zu entschuldigen, daß er – wie er wörtlich erklärte – »es schwer habe, ein ausreichender Beurteiler und Kenner von Menschen zu sein« – obwohl es sich bei den meisten seiner Skandale vornehmlich um Beteiligte handelte, die ihm seit vielen Jahren eng vertraut waren.
Das Landgericht München, das ihm gewiß nicht feindlich gesonnen ist, hat unter dem Aktenzeichen 180680/64 aus seiner Bonner Tätigkeit als Bundesverteidigungsminister einen anderen Schluß gezogen, nämlich: »... es kann ... keinem Zweifel unterliegen, daß ... ihm ... der Geruch der Korruption anhafte«.

5. Die »Onkel Aloys«-Affäre

Notwendige Vorbemerkung: Auf den Fall des Dr. Dr. Aloys Brandenstein – besser bekannt als »Onkel Aloys«-Affäre – wurde der Autor, damals noch Redakteur des Nachrichtenmagazins »Der Spiegel«, im Winter 1960/61 im Zuge von Recherchen, die ganz andere Dinge betrafen, zufällig aufmerksam – wie von ihm detailliert beschrieben in seinem 1963 erschienenen Buch *Meine Freunde, die Millionäre*. Bemerkt sei, daß dieses Buch bereits 1967 in 10. Auflage Verbreitung gefunden hatte; daß es noch heute – Anfang 1980 – als dtv-Taschenbuch im nunmehr 200. Tausend lieferbar ist, auch in Buchclub-Programme aufgenommen und in mehrere Sprachen übersetzt wurde, kurz, im Laufe von 17 Jahren weite Verbreitung gefunden hat, ohne daß von seiten der an dieser Affäre Beteiligten – insbesondere des Ehepaars Dr. h. c. Franz Josef Strauß und Marianne Strauß geborener Zwicknagl, des mittlerweile verstorbenen Dr. Dr. Aloys Brandenstein, des Brigadegenerals a. D. Herbert Becker oder des Industriellen Carl Diehl – je auch nur die geringste Beanstandung der Darstellung bei dem Autor oder seinen Verlegern vorgebracht, geschweige denn gerichtlich dagegen vorgegangen worden wäre.

Besagte, erstmals vor 17 Jahren vom Autor veröffentlichte Darstellung wird im folgenden, zunächst in einer Kurzfassung der Vorgeschichte, dann im Wortlaut der Urfassung, wiedergegeben:

Der Metallurge und Volkswirt Dr. Dr. Aloys Brandenstein, der während des Zweiten Weltkriegs in der Rüstungsindustrie unternehmerisch tätig gewesen war, hatte bei Kriegsende seinen Wohnsitz im oberbayerischen Bad Aibling. Seine dortige Maschinenfabrik, die er dann allerdings veräußern mußte, bildete eine Zeitlang die Basis seiner wirtschaftlichen Existenz und gesellschaftlichen Stellung. Damals schloß er Freundschaft mit der Familie des im nahen Rott am Inn lebenden Brauereibesitzers und späteren CSU-Landtagsabgeordneten Dr. Max Zwicknagl. Dessen Töchter, von denen die eine, Marianne, 1957 den damaligen Bundesverteidiungsminister Strauß ehelichte, nannten Dr. Dr. Brandenstein »Onkel Aloys«.

Von 1954 an befand sich Dr. Dr. Brandenstein in großer wirtschaftlicher Not. Er war nach Frankfurt am Main verzogen und bewohnte dort eine sehr bescheidene Zweieinhalbzimmerwohnung. Er hatte drückende Schulden, war nicht einmal mehr in der Lage, in seiner Stammkneipe eine noch offene Zeche von 6 DM zu begleichen, weshalb der Wirt ihm das Lokal verbot, und lebte kümmerlich von winzigen Darlehen, die ihm mitleidige Bekannte gaben. Einer seiner Gläubiger, dem er von seinen glücklicheren Tagen in Aibling und von seiner engen Freundschaft mit Familie Zwicknagl erzählt hatte, machte Dr. Dr. Brandenstein darauf aufmerksam, daß eine der Zwicknagl-Töchter vor kurzem den Bundesverteidigungsminister Strauß geheiratet habe und daß sie dem notleidenden Nennonkel nun vielleicht behilflich sein könnte.

Das war im Winter 1957/58. Dr. Dr. Brandenstein griff den Vorschlag begierig auf. Das Geld zum Telefonieren lieh ihm sein Bekannter, ebenso die bescheidene Summe, die der von Frau Marianne Strauß zu einem Besuch aufgeforderte »Onkel Aloys« für die Fahrt von Frankfurt nach Bonn benötigte.

Schon sehr bald nach dem Besuch in Bonn, wo Dr. Dr. Brandenstein auf Empfehlung des Ehepaars Strauß Gespräche mit dem ihn äußerst zuvorkommend behandelten Oberst Becker vom Bundesverteidigungsministerium hatte führen können, besserte sich die wirtschaftliche Lage des »Onkels« mit einem Schlag: Er konnte seine Schulden zurückzahlen, zog aus der ärmlichen Behausung in Frankfurt in eine Villa in Remscheid um, wurde dort Generalbevollmächtigter der Panzerkettenfabrik Backhaus KG mit einem Gehalt von monatlich 7500 DM – einem im Jahre 1958 geradezu fürstlichen Einkommen! – nebst freier Wohnung, Dienstwagen mit Fahrer sowie Vertrauensspesen und hatte außerdem noch sehr erhebliche Nebeneinnahmen.

Die Anstellung bei Backhaus hatte Dr. Dr. Brandenstein einer Intervention des Obersten Becker zu verdanken. Der Anstellungsvertrag war vorher aufgesetzt worden und wurde dem Chef der Backhaus KG, Erwin Backhaus senior, zur Unterschrift vorgelegt von dem Vertreter eines seiner Hauptgläubiger, dem Neußer Kaufmann Christian Steinrücke. Mit diesem hatte Oberst Becker die Einzelheiten vorher abgesprochen, wogegen Herr Backhaus den Namen seines neuen Generalbevollmächtigten erst erfuhr, nachdem er den von ihm unterschriebenen Anstellungsvertrag in Augenschein genommen hatte, Erwähnung verdient, daß die Backhaus KG auf ihren einzigen Großkunden, die Bundeswehr, völlig angewiesen war; daß Strafverfahren gegen Mitglieder der Familie Backhaus schwebten, und zwar im Zusammenhang mit den Bundeswehrlieferungen ihres Werks, und daß schließlich in den Beziehungen zwischen der Backhaus KG und dem Beschaffungsamt der Bundeswehr in Koblenz erhebliche Spannungen bestanden, die die Existenz der Firma gefährdeten.
Nachdem sich mit dem Eintritt des Dr. Dr. Brandenstein in die Firma Backhaus KG deren Auftragslage und Liquidität zunächst in erstaunlichem Maße verbessert hatten, gingen Anfang 1959 die Bestellungen und Zahlungen der Bundeswehr in so starkem Maße zurück, daß die Familie Backhaus ihr Unternehmen zu verkaufen beschloß. Ihr Generalbevollmächtigter Dr. Dr. Brandenstein wußte sofort einen Käufer und vermittelte diesen auf der Stelle. Es war der Nürnberger Industrielle Carl Diehl, der nach sehr kurzen Verhandlungen die Backhaus KG zum Preis von 7 Millionen DM erwarb. Hierzu ist anzumerken, daß der Diehl-Konzern der Hauptlieferant der Bundeswehr für Granat- und andere Zünder war, sein Inhaber Carl

Diehl ein Förderer der bayerischen CSU und einer der engsten Freunde des Ministers Strauß.
Dr. Dr. Aloys Brandenstein erhielt für seine Vermittlerdienste eine Kommanditbeteiligung an der Backhaus KG im Nennwert von 200000 DM, die im Zeitpunkt ihrer Einräumung knapp eine Million Wert gewesen sein mag. Dr. Dr. Brandenstein verlegte seine Haupttätigkeit jedoch nun auf seine bisherige Nebenerwerbstätigkeit, auf allerlei Auslandsgeschäfte. Im Juni 1959, wenige Wochen vor dem Verkauf der Backhaus KG an Diehl, hatte er der Bundeswehr bereits Granaten aus Portugal im Gesamtwert von 77 Millionen DM beschafft, wobei angemerkt sei, daß die Zünder und andere Einzelteile dieser Granaten vorher aus der Bundesrepublik nach Portugal exportiert worden waren, vornehmlich von Unternehmen der Diehl-Gruppe und ebenfalls durch Vermittlung des Dr. Dr. Brandenstein, der nicht schlecht daran verdiente.
Bis Anfang 1961 nahm Dr. Dr. Brandenstein bei solchen und ähnlichen Geschäften mit Rüstungsgütern etliche Millionen DM ein.
Soweit die Vorgeschichte; das weitere folgt wörtlich dem eingangs erwähnten Text von 1963:

»Auch der Führungsoffizier, dem er anvertraut worden war, Oberst Becker, konnte sich nicht beklagen. Etwa zur gleichen Zeit setzte sich dessen Dienstherr (Minister Dr. h. c. Strauß) über das ausdrückliche Verbot des Parlaments hinweg und schuf für den Vater des Portugalgeschäfts ein neues, eigenes Ressort, gegen den heftigen Widerspruch der dafür in ihren Kompetenzen beschnittenen Beamten und Militärs: eine dritte Unterabteilung, speziell für Beschaffung, in der Abteilung Wehrwirtschaft des Bundesverteidigungsministeriums.
Oberst Becker bekam damit die Planstelle eines Generals, und während der von ihm betreute ›Onkel Aloys‹ seine Ge-

schäfte auf weitere Länder und Rüstungsgüter ausdehnte und die Bundeswehr gegen angemessene Provisionen mit Fallschirmen, Uniformen, Patronen, Granaten, Panzerketten, Panzerfäusten und vielerlei sonstigem aus dem In- und Ausland belieferte, überwand Franz Josef Strauß auch den Widerstand des Chefs der Personalabteilung seines Ministeriums, General Hansen, der sich mit der ... Begründung, ein Verbot des Parlaments dürfe nicht einfach mißachtet werden, gegen Beckers wachsende Macht sträubte. Schließlich wurde General Hansen zur Truppe versetzt. Ein neuer Personalchef wurde ernannt, und noch im selben Jahr erhielt Oberst Bekker den ihm aus bloßer Rücksicht auf die Weisungen der Volksvertretung vorenthaltenen Lohn: Er wurde zum (Brigade-)General befördert.«

(Hierzu ist anzumerken, daß der 1955 vom Bundestag eingesetzte Personalgutachterausschuß den ehemaligen Feuerwerker Herbert Becker, wegen seines hervorstechendsten Merkmals auch »Ohren-Becker« genannt, nur unter der Bedingung für die Offizierslaufbahn zugelassen hatte, daß er den Rang eines Oberst nicht überschreiten dürfe und auf sein Spezialgebiet, amerikanische Materiallieferungen, beschränkt bleiben müsse. Später, nach Bekanntwerden der »Onkel Aloys«-Affäre, wurde Brigadegeneral Becker zur Militärmission in Portugal versetzt. Die Staatsanwaltschaft ermittelte gegen den General: Er sollte Dr. Dr. Brandenstein Bedarfszahlen der Bundeswehr verraten haben. Die Ermittlungen wurden mit dem Vermerk eingestellt, die Beweise reichten nicht aus; Verdacht bestehe aber nach wie vor.)
Im Winter 1960/61, als der Autor den »Onkel Aloys« zufällig entdeckt und seine Recherchen weitgehend abgeschlossen hatte, war die nun zum Diehl-Konzern gehörende Firma Backhaus KG in Remscheid (Kommanditist: Dr. Dr. Brandenstein) schon wieder ein blühendes Unternehmen mit nunmehr ungetrübt guten Beziehungen

zum Beschaffungsamt der Bundeswehr. Dr. Dr. Brandenstein, inzwischen Eigentümer einer sehr stattlichen Villa in Bad Godesbergs bester Wohngegend, Am Stadtwall 34, erwarb gerade eine Besitzung in der Schweiz, und zwar in Ober-Ägeri am Ägerisee. Als vielfacher Millionär, der er in sehr kurzer Zeit geworden war, verkehrte er in den besten Lokalen und teuersten Nachtbars, ließ überall, wo er hinkam, Champagner auffahren und erzählte jedem, der es hören (oder auch nicht hören) wollte, wie überaus wohlhabend er nun sei und daß er all dies unverhoffte irdische Glück allein ›dem Mariandl‹ zu verdanken habe, der treusorgenden Gattin des allseits verehrten und großmächtigen Herrn Bundesverteidigungsministers Dr. h. c. Franz Josef Strauß. Und er schwatzte noch manches mehr, das besser unerwähnt bleibt.

Es war indessen wohl weniger diese freimütigen Äußerungen des »Onkels«, die das Weitere veranlaßten, als vielmehr die Tatsache, daß sie dem Autor, damals noch *Spiegel*-Redakteur, zu Ohren kamen. Jedenfalls hatte dann der Autor das Vergnügen, vom damaligen Vorsitzenden des Bundestagsausschusses für Verteidigung, Herrn Dr. Friedrich Zimmermann, aufgesucht zu werden. Dr. Zimmermann hatte seinerseits gerade einen Brief seines langjährigen Duz-Freundes, des Ministers Strauß, erhalten, und diesem sehr förmlichen Schreiben war eine (übrigens nicht eidesstattliche) Erklärung des Dr. Dr. Brandenstein beigefügt, worin dieser höchst merkwürdige Behauptungen aufstellte. Einerseits erklärte der »Onkel Aloys«, daß er sich in seiner »größten Notlage« an die Familie von Marianne Strauß mit der Bitte um Hilfe gewandt hätte, anderseits sah er es als seine Verpflichtung an, »allen Behauptungen entgegenzutreten«, er sei »von irgendjemandem irgendwie protegiert worden«. Ja, Dr. Dr. Brandenstein ging schließlich dementierend auf Dinge ein, die niemand behauptet, nicht einmal zu denken gewagt hatte: »Ich möchte ausdrücklich betonen, daß selbstverständlich weder Familie Dr. Zwicknagl noch Familie Strauß an meinen Geschäften beteiligt sind, waren oder sein werden oder von mir irgendwelche Zuwendungen resp. materielle Vorteile irgendwelcher Art erhalten haben bzw. erhalten werden. gez. Dr. Aloys Brandenstein.«

Die vor einem Kölner Notar abgegebene Erklärung war in Abschrift beglaubigt worden von dem (später in Korruptionsverdacht geratenen) Strauß-Adjutanten Repenning und von ihm mit dem Dienstsiegel – Bundesadler mit Unterschrift »Der Bundesminister für Verteidigung« – versehen worden, wodurch den schlichten Ausführungen des Dr. Dr. Brandenstein wohl ein beinahe regierungsamtlicher Charakter verliehen werden sollte, den sie zweifellos gar nicht hatten.

Zur Überraschung des Autors wurden ihm von Herrn Dr. Zimmermann sowohl die Erklärung des Dr. Dr. Brandenstein als auch der an Zimmermann gerichtete Begleitbrief des Ministers Strauß übergeben mit dem Bemerken, eine Rückgabe sei nicht erforderlich. Beide Dokumente sind seither im Besitz des Autors und in Faksimile des Originals hier wiedergegeben (s. Anhang). Offenbar waren die an der »Onkel Aloys«-Affäre unmittelbar Beteiligten und auch Dr. Friedrich Zimmermann als deren Beauftragter der kühnen Meinung, die Sache hätte damit ihr Bewenden. Der vom bettelarmen und verschuldeten Schnorrer binnen weniger Monate zum multimillionenschweren Bundeswehr-Beschaffer aufgestiegene Dr. Dr. Aloys Brandenstein hatte ja erklärt, er sei nicht protegiert worden, und zudem war dieser »Onkel Aloys«

ja nun außer Landes, hatte sich auf seinen Landsitz in der Schweiz zurückgezogen und überdies beim Bundesamt für Beschaffung nunmehr Hausverbot. Vor allem aber hatte der »Onkel Aloys« ja, sogar gesiegelt von Minister-Adjutanten, ausdrücklich betont, daß Familie Strauß von ihm keine »Zuwendungen resp. materielle Vorteile irgendwelcher Art erhalten« habe, auch nicht erhalten werde.

Solche absurden Verdächtigungen waren bis dahin von keinem seriösen Presseorgan auch nur angedeutet worden. Erst zweieinhalb Jahre später meldete sich der Fahrer des Dr. Dr. Brandenstein im *Stern* zu Wort. Dieser Chauffeur, Paul Scharwächter, wußte sich zu erinnern, daß Dr. Brandenstein mitunter in Augenblicken heitersten Vergnügens, aber akuten Bargeldmangels, ihn, den Fahrer, beauftragt habe, den Kofferraum des Dienstwagens zu öffnen. Aus einem verschlossenen Koffer, zu dem Dr. Brandenstein den Schlüssel hatte, entnahm dieser dann das benötigte Bargeld, wobei der Fahrer deutlich gesehen haben wollte, daß besagter Koffer bündelweise mit nagelneuen Banknoten angefüllt war.

Scharwächter hatte – so erläuterte er dem *Stern*-Reporter und blieb bei dieser erstaunlichen Darstellung auch bei mehrfachen Rückfragen – wiederholt seinen Dienstherrn Dr. Dr. Aloys Brandenstein zum Haus des damaligen Bundesverteidigungsministers Strauß auf dem Bonner Venusberg gefahren, stets in gewissem Abstand zum Eingang gehalten und dem »Onkel Aloys« geholfen, besagten Koffer bis zur Tür der Ministervilla zu transportieren, und jedesmal sei der Koffer, seinem Gewicht nach, gut gefüllt von ihm zum Haus getragen worden. Hingegen kam Dr. Brandenstein nach beendetem Besuch jedesmal mit demselben Koffer zurück, der dann, wiederum seinem Gewicht nach zu urteilen, leer war.

Dem *Stern*, der Scharwächters Erzählungen veröffentlichte, wurde die Verbreitung bestimmter Teile dieses Textes untersagt, da das Gericht darin die Tatsachenbehauptung sah, Dr. Dr. Brandenstein habe mit Strauß teilen müssen. Darüber hatte der Fahrer Scharwächter selbstverständlich nur haltlose Vermutungen äußern können; schließlich sagt das Gewicht eines Koffers ebensowenig über die genauen Einzelheiten seines Inhalts aus wie ein flüchtiger Blick hinein bei anderer Gelegenheit. Vom Inhalt jenes *Stern*-Artikels war daher auch nicht die Rede, weil etwa Autor oder Verlag solche Vermutungen teilten, sondern nur um zu dokumentieren, in welches Zwielicht der Minister Strauß durch seine Beziehungen zum »Onkel Aloys« bereits geraten war.
Sodann gab es auch noch ein Fräulein Ellen Borrmann, eine langjährige Freundin des »Onkel Aloys« Brandenstein, die von diesem zur Miteigentümerin einer Uniformfabrik gemacht und mit sechsstelligen Beträgen subventioniert worden war. Als die Dame im Frühjahr 1965 weitere 300000 DM von ihrem Förderer verlangte, soll sich dieser bereit erklärt haben, auch diese Zahlung zu leisten. Ihrem Geschäftsführer gegenüber vertrat Fräulein Borrmann die Ansicht, Herr Dr. Dr. Brandenstein könne ihr die Bitte um Geld gar nicht abschlagen, da sie viel zu viel über Brandensteins Geschäfte und die daran Beteiligten wisse. Sie fuhr dann in die Schweiz, um den Betrag dort abzuholen. Welches Wissen sie auch gehabt haben mochte – sie nahm es mit ins Grab. Denn auf der Rückfahrt verunglückte sie tödlich.

6. Die FIBAG-Affäre

Im Jahre 1959 wollten die amerikanischen Streitkräfte in der Bundesrepublik ein sogenanntes »Housing (Wohnungsbau) Project« durchführen. Es umfaßte einen Bedarf von rund 5500 Wohnungen im Gesamtwert von rund 300 Millionen DM. Das Projekt sollte von amerikanischer Seite teilweise vorfinanziert, später von deutschen Stellen übernommen und als Stationierungskosten aus dem Bundeshaushalt, also aus Steuermitteln, bezahlt werden. Die Verhandlungen wurden zunächst von einem amerikanischen Anwaltsbüro mit der Großbaufirma Heilmann & Littmann geführt, und zwar unter der Bezeichnung »Rental Guarantee Housing«. 1960 erhielt die Firma Heilmann & Littmann jedoch die Mitteilung, das Projekt müsse als nicht mehr durchführbar angesehen werden. Der Vorvertrag wurde gelöst; die amerikanischen Anwälte erstatteten die Hälfte des bereits erhaltenen Honorars zurück.

Nunmehr versuchte einer der amerkanischen Anwälte, Bernhard Brach, aus dem gescheiterten Projekt doch noch Kapital zu schlagen: Es sollte eine Firma gegründet, diese mit Empfehlungen ausgestattet und alsdann dieser »Mantel« an den Meistbietenden verkauft werden.

Es fanden sich einige an diesem »Luftgeschäft« Interessierte: ein gescheiterter Münchner Architekt, Lothar Schloß; dessen Bekannter, Wolfgang Winkel, der sich als Kaufmann bezeichnete, sowie der Passauer Zeitungsverleger Johann Evangelist Kapfinger, der das für das geplante Geschäft Wichtigste einbrachte: Er verfügte über beste Beziehungen zur CSU-Landesleitung, besonders zum damaligen CSU-Generalsekretär Dr. Friedrich Zimmermann, und er war ein Duz-Freund von Minister Strauß.

Zu diesem Kreis stieß noch der Bauingenieur und Inhaber eines Architekturbüros, Carl Willy Braun, der seinerseits den Kaufmann Hans Herrschaft der Gruppe zuführte; Herrschaft sollte »Generalbevollmächtigter für die Grundstücksbeschaffung« werden. Die Firma, die dann am 6. Mai 1960 gegründet wurde, erhielt den Namen »Finanzbau Aktiengesellschaft«, abgekürzt FIBAG. Es wurde vereinbart, daß der Mitgesellschafter Kapfinger 25 Prozent des FIBAG-Kapitals (500 000 DM) als Gratis-Aktien bekommen sollte, denn ohne ihn war an Empfehlungen, wie die FIBAG sie brauchte, nicht zu denken. Kapfinger wandte sich an seinen Freund, den Bundesverteidigungsminister Franz Josef Strauß, und dieser stellte mit Datum vom 1. Juni 1960 dem FIBAG-Chef Lothar Schloß ein eigenhändig unterschriebenes Empfehlungsschreiben aus. Es war mit der in angelsächsischen Ländern üblichen Eingangsformel *»To whom it may concern«* (An denjenigen, den es angeht) versehen und lautete:

»Betr. Rental Guarantee Housing Project.

Um das vorgenannte Projekt zu realisieren, wurde von Herrn Schloß eine Aktiengesellschaft gegründet und von ihm heute den Ministerien die Planungsunterlagen, Kostenberechnungen und Finanzierungsvorschläge eingereicht. Ich begrüße und befürworte die Ausarbeitung dieser Vorlagen, weil sie der Durchführung eines im gemeinsamen Interesse liegenden Planes dienen. Ich bitte, Herrn Schloß bei seiner weiteren Arbeit jede Unterstützung zu gewähren. gez. Strauß.«

Dieses Empfehlungsschreiben wurde dem Lothar Schloß am 2. Juni 1960 ausgehändigt, aber er und seine Geschäftsfreunde fanden es wohl noch nicht ausreichend. Kapfinger wurde nochmals bei seinem Freund Strauß vorstellig, und der wandte sich nun – am 20. Juni 1960 –

mit einem persönlichen Brief an den amerikanischen Verteidigungsminister Thomas S. Gates.
Dieses zweite Schreiben in Sachen FIBAG mit dem Briefkopf »Dr. h. c. Franz Josef Strauß, Bundesminister« hatte laut Protokoll des späteren FIBAG-Untersuchungsausschusses, den der Bundestag einsetzte, folgenden Wortlaut:

»Sehr geehrter Herr Kollege!
Nach den meinem Ministerium zugegangenen Informationen ist die amerikanische Armee daran interessiert, eine beträchtliche Zahl von Wohnungen für Angehörige der US-Armee in Deutschland zu bauen. Das Bundesministerium für Verteidigung hat damit unmittelbar nichts zu tun, hat aber die Pläne des Architekturbüros Lothar Schloß, München, die bei ihm eingereicht sind, geprüft und Herrn Schloß die in Abschrift beigefügte Bestätigung ausgestellt. Es handelt sich um dieselbe Firma, die bereits im Jahre 1956 das amerikanische Unterkunftsprojekt in Frankreich bearbeitet hat. Dieses Projekt wurde dann aus verständlichen Gründen einer französischen Firma übertragen.
Ich weise darauf hin, daß die von dem Architektenbüro Schloß vorgelegte Planung hier geprüft und als brauchbar bezeichnet worden ist. Wenn Sie daran interessiert sind, das Unterkunftsprojekt der US-Armee in Deutschland weiter zu verfolgen, bitte ich, diese Ihren Experten bekannte Planung prüfen zu lassen und zu verfolgen.
Mit freundlichen Grüßen
gez. Strauß

The Hon. Thomas S. Gates,
Secretary of Defense,
Pentagon, Washington 25, D. C.

Eine Abschrift dieses Briefs an seinen amerikanischen Kollegen schickte Strauß an seinen Freund Kapfinger, dazu ein Begleitschreiben, datiert vom 4. August 1960, das begann:

»Lieber Hans! In der Beilage übersende ich Dir Durchschrift meines Briefes an den amerikanischen Verteidigungsminister Mr. Gates ...« und mit den Worten schloß: »Ich glaube, wir sollten auch bei den Amerikanern nicht allzu stark drängen, weil das erfahrungsgemäß zu negativen Rückschlüssen und negativen Reaktionen führt. Mit freundlichen Grüßen! Dein Franz Josef Strauß«.

Das FIBAG-Projekt wurde nie durchgeführt. Doch noch jahrelang prozessierte Franz Josef Strauß gegen die Verbreitung einer angeblichen Äußerung Kapfingers, das werde ein Bombengeschäft; es sei nur schade, daß er die Hälfte des Gewinns an Strauß abgeben müsse. Kapfinger selbst, gegen den Strauß nicht gerichtlich vorging, erklärte dazu später als Zeuge: »Es ist durchaus möglich, daß ich ironischerweise das gesagt habe.« Er gab dann auch eine eidesstattliche Erklärung ab. Darin bestritt er aber nur ganz bestimmte, von niemandem behauptete Tatbestände, etwa daß er »mehr als 25 Prozent« unter Hinweis auf Teilungsverpflichtungen gegenüber Strauß von seinen FIBAG-Mitgesellschaftern verlangt hätte.

Eine gerichtliche Klärung des Verdachts auf falsche eidliche Bekundungen Dr. Kapfingers im Zusammenhang mit den sich aus der FIBAG-Affäre ergebenden Gerichtsverfahren war nicht möglich. Dr. Johann Evangelist Kapfinger legte ärztliche Atteste vor, die seine Verhandlungsunfähigkeit bescheinigten. Das Verfahren gegen ihn wurde schließlich eingestellt.

Dagegen steht fest, daß der Bundesverteidigungsminister Strauß den Bundestag und dessen Untersuchungsausschuß in Sachen FIBAG mehrfach falsch oder irreführend unterrichtete oder durch Beamte seines Ministeriums falsch oder irreführend unterrichten ließ.

Anzumerken ist ferner, daß der den Minister Strauß und

Dr. Kapfinger vor dem FIBAG-Untersuchungsausschuß des Bundestags belastende Zeuge Hans Herrschaft von Strauß wahrheitswidrig landesverräterischer Beziehungen verdächtigt wurde. Der Minister behauptete sogar, er sei von Herrschaft »im kommunistischen Auftrag« belastet worden. Einen Tag nach seiner Aussage in Bonn wurde Hans Herrschaft in München in Untersuchungshaft genommen und von zahlreichen Beamten in Zivil über seine angeblichen »Ostkontakte« verhört. Dabei lautete die gegen ihn erhobene Beschuldigung auf Staatsgefährdung. Grundlage seiner Verhaftung bildete ein sogenanntes »Protokoll«, das keine Unterschrift trug und bei dem die vernehmende Behörde, falls es eine solche war, mit der Chiffre-Bezeichnung »L II G« angegeben wurde.

Die Beziehung des Falles Herrschaft zu Minister Strauß wurde offenkundig, als der Erste Staatsanwalt Gietel – der zuständige Staatsanwalt Wuschek trat gegenüber Herrschaft kein einziges Mal in Erscheinung – dem Untersuchungshäftling zur »Erleichterung seiner mißlichen Lage« nahelegte, eine Ehrenerklärung für Minister Strauß abzugeben. Herrschaft lehnte dies ab; dennoch verbreitete die Justizpressestelle München, er hätte eine Ehrenerklärung für Strauß angeboten.

Erst nachdem Hans Herrschaft durch seinen Anwalt dagegen öffentlich protestieren ließ, gab die Justizpressestelle den wahren Sachverhalt zu. Gietel wurde kurze Zeit später zum Oberstaatsanwalt befördert, Herrschaft nach 26 Tagen Haft wieder auf freien Fuß gesetzt. Das Verfahren gegen ihn wurde aber erst, obwohl er ständig auf einen ihn rehabilitierenden Prozeß drängte, nach fünf Jahren ohne Verhandlung eingestellt. Natürlich konnte auch der FIBAG-Untersuchungsausschuß die Affäre nicht aufklären, die wegen zahlreicher Klagen, die Strauß anstrengte, noch viele Jahre lang die Gerichte beschäftigte. Dabei verschwanden eines Tages die FIBAG-Akten spurlos, als sie 1963 mit der Post von Bonn an ein Nürnberger Gericht geschickt werden sollten. Erst zwölf Jahre später, im Herbst 1975, tauchten sie in einem Schließfach des Mainzer Hauptbahnhofs wieder auf. Inzwischen hatte das Landgericht Bonn ein von der Staatsanwaltschaft gegen Dr. Kapfinger angestrengtes Ermittlungsverfahren wegen Verdachts der uneidlichen Falschaussage vor dem Untersuchungsausschuß ebenfalls eingestellt.

Die »SPIEGEL«-Affäre oder Amtsanmaßung zum Zweck persönlicher Rache

Fehlt im Fall Herrschaft der letzte Beweis dafür, daß die Verhaftung dieses unbequemen FIBAG-Zeugen von Minister Strauß selbst oder mittelbar, etwa über den ihm unterstehenden Militärischen Abschirmdienst (MAD) veranlaßt wurde, so ist in einem anderen Fall, der damit ursächlich zusammenhängt, die Verantwortung des damaligen Bundesverteidigungsministers Franz Josef Strauß für eine rechtswidrige Festnahme erwiesen. Zur Vorgeschichte:

In der *Spiegel*-Ausgabe Nr. 40 vom 3. Oktober 1962 erschien ein Artikel mit der Überschrift »Balkan in Bonn?«, worin es unter anderem hieß:

»Ist Dr. Aloys Brandenstein, der Nenn-Onkel der Frau Marianne Strauß, durch Vermittlung des Ministers innerhalb eines Jahres mehrfacher Millionär geworden, nachdem er vorher nie im Rüstungsgeschäft tätig und in anderen Geschäften bis aufs Hemd abgebrannt war? ... Stimmt es, daß ein im Rüstungsgeschäft bis dato nicht tätig gewesener Peter Deeg innerhalb einer Stunde ein Geschäft über 25 Millionen Mark ›aufreißen‹ konnte, das die ›Profies‹ in Monaten nicht zustande gebracht hatten? Stimmt es, daß dieser Peter Deeg, von einem ordentlichen Gericht rechtskräftig wegen Betrugs vorbestraft, Duzfreund ... des jetzigen CSU-Vorsitzenden Strauß war? Ist diese Duzfreund-Demokratie das Leitbild, das wir dem Osten entgegenhalten sollen? ... Stimmt es, daß der Verleger Kapfinger vor Aufkommen der FIBAG-Affäre seinen Passauer Verlag testamentarisch der CSU vermacht hatte – Schlüssel zur Schloß-Affäre? ...« Der Artikel endete: »Es mag sein, daß Opposition und Presse die Streitigkeiten um den Verteidigungsminister (Strauß) leid sind. Wäre dem so, dann müßte man es als Zeichen dafür nehmen, daß der Organismus Bundesrepublik schon aufgehört hat, gegen die Balkanische Krankheit, die von München aus das Land infiziert, Abwehrstoffe zu entwickeln.«

Diesen Artikel hatte *Spiegel*-Herausgeber Rudolf Augstein mit seinem Pseudonym ›Moritz Pfeil‹ gezeichnet. Er folgte der Veröffentlichung der »Onkel Aloys-« und der »Dr. Peter Deeg-Affäre« in Heft 39 des Nachrichtenmagazins. Es mußte jedem klar sein, daß der »Spiegel« die Angriffe auf Strauß fortsetzen und auf Untersuchung der immer zahlreicher werdenden Skandale bestehen würde.

Wenige Tage nach Erscheinen des »Balkan in Bonn?«-Artikels, aber natürlich nicht deswegen, sondern – so sollte zumindest die Öffentlichkeit glauben – wegen einer Geschichte im folgenden *Spiegel*-Heft (»Bedingt abwehrbereit«, Nr. 41/1962), erstattete ein Parteifreund von Franz Josef Strauß, Friedrich August Freiherr von der Heydte, dessen Beförderung zum Brigadegeneral der Reserve trotz dringender Befürwortung durch Bundesverteidigungsminister Strauß vom Bundespräsidenten bislang nicht unterschrieben worden war, Strafanzeige gegen das Hamburger Nachrichtenmagazin und dessen verantwortliche Redakteure wegen Landesverrats und landesverräterischer Fälschung.

Am 23. Oktober, nachdem die Bundesanwaltschaft um gutachtliche Stellungnahme des Bundesverteidigungsministeriums ersucht und diese erhalten hatte, unterzeichnete der zuständige Bundesrichter in Karlsruhe die

Durchsuchungs- und Haftbefehle gegen die *Spiegel*-Redaktion. Einen Tag zuvor hatte Freiherr von der Heydte endlich seine Beförderung zum Brigadegeneral erhalten. Dazu erklärte von der Heydte gegenüber dem *Stern*: »Ihre Leser dürfen es« – nämlich die Beförderung zum General auf Vorschlag von Strauß – »nicht damit« – nämlich mit seiner Strafanzeige gegen den *Spiegel* – »in Verbindung bringen; daß das sozusagen eine Belohnung war.«
Und Minister Strauß gab gegenüber dem Plenum des Bundestags, gleich nach Durchführung der Polizeiakte gegen den *Spiegel*, die folgende »verbindliche Erklärung« ab:
»Nein, es ist kein Racheakt meinerseits. Ich habe mit der Sache nichts, im wahrsten Sinne des Wortes nichts zu tun!« Da der zweite Satz dieser kurzen Erklärung erwiesenermaßen eine glatte Lüge war, müssen erhebliche Zweifel an der Wahrheit des ersten Satzes gestattet sein, zumal alle Umstände dafür sprechen, daß es sich um einen Racheakt gehandelt hat. Schon Tage zuvor hatte Strauß in angetrunkenem Zustand auf einem Empfang in Bonn verkündet, gegen den *Spiegel* stehe für das Wochenende eine Aktion bevor; einen Tag zuvor hatte er im Bonner Hotel »Bergischer Hof« laut prophezeit, mit dem *Spiegel* gehe es so nicht weiter, bald werde etwas geschehen. Und einen Tag nach dem Bonner Empfang prahlte Strauß vor seinen Mitarbeitern: »Jede Minute, die die mich mit FIBAG beschäftigt haben, werde ich denen heimzahlen!«
Zwei Tage darauf, am 26. Oktober 1962 gegen 21 Uhr, rückten acht Beamte der Sicherungsgruppe Bonn unter Leitung des Bundesanwalts Buback in die Redaktion des *Spiegel* im Hamburger Pressehaus ein. Sie präsentierten einen Durchsuchungs- und Beschlagnahmebeschluß we-

gen Verdachts auf Landesverrat. Außerdem hatten sie Haftbefehle gegen Rudolf Augstein und den *Spiegel*-Redakteur Conrad Ahlers. Ein von Ahlers verfaßter Artikel, »Bedingt abwehrbereit«, sollte den Einsatz rechtfertigen. Wie sich später herausstellte, war dieser Verdacht völlig unbegründet; sämtliche Informationen, die als möglicher Landesverrat angesehen wurden, hatten vorher schon andere Zeitungen veröffentlicht, ohne daß jemand Anstoß daran genommen hätte.

Die Fahnder durchsuchten die Redaktionsräume und das *Spiegel*-Archiv, besetzten die Telefonzentrale und beschlagnahmten alle Papiere, die mit Militärischem oder mit Strauß-Affären zu tun hatten. *Spiegel*-Anwalt Horst Ehmke erklärte dazu später vor dem Bundesverfassungsgericht: »Das war bewußte Ausforschung eines Presseunternehmens!«

In den folgenden Tagen wurde es immer deutlicher, daß die Öffentlichkeit das Vorgehen gegen den *Spiegel* entschieden mißbilligte. Auch wurde langsam jedem klar, daß es sich nicht um einen »Abgrund von Landesverrat« handelte, sondern – wie es *Stern*-Redakteur Peter Koch formuliert hat – »um einen Abgrund von Amtsanmaßung, Kompetenzüberschreitungen, Rechtsverletzungen und Lügen ... Am Rande dieses Abgrunds hing Franz Josef Strauß und versuche krampfhaft, sich vor dem Absturz zu bewahren. Sein Sündenregister wurde mit jedem Tag länger. Strauß hatte

- in einem nächtlichen Telefonat nach Madrid mit dem dortigen Militärattaché Achim Oster, seinem Spezi aus Schongauer Tagen und Mitverschwörer beim Sturze Blanks, veranlaßt, daß der auf Urlaub in Torremolinos weilende Ahlers von der spanischen Polizei festgesetzt wurde. Ein Haftbefehl – so Strauß – sei bereits über Interpol unterwegs. Dabei hatten Justizministerium sowie Bundesanwaltschaft Strauß ausdrücklich darauf hingewiesen, daß eine Einschaltung von Interpol bei der Verfolgung von politischen Angelegenheiten wie Landesverrat nicht zulässig sei. Auch der damalige CSU-Innenminister Höcherl warnte ihn – wie er sich noch heute erinnert: »Laß die Finger davon«;

- veranlaßt, daß der damalige FDP-Bundesjustizminister Stammberger, der kurz zuvor im Bundestag als einziger Minister für eine Fortsetzung der FIBAG-Untersuchungen gegen Strauß gestimmt hatte, von der Vorbereitung und Durchführung der Aktion gegen den *Spiegel* nicht unterrichtet wurde. Lediglich der CDU-Staatssekretär des Justizministeriums, Dr. Walter Strauß, wurde eingeschaltet;
- gegenüber Oster und gegenüber dem Staatssekretär Walter Strauß behauptet, er handle auf eine direkte Weisung des Bundeskanzlers. Adenauer aber bestritt dies ausdrücklich, und der Fraktionsvorstand der CDU/CSU gab eine offizielle Erklärung heraus: »Der Bundeskanzler hat im Einzelfall keine Weisung erteilt. Das gilt auch für die Frage der Nichtunterrrichtung des Justizministers«;
- den Militärischen Abschirmdienst (MAD) bei der Observierung von *Spiegel*-Angehörigen eingesetzt und sich über den MAD vom Verlauf der Aktion unterrichten lassen;
- tagelang Parlament und Öffentlichkeit über seine Beteiligung an der Aktion getäuscht. Strauß zuerst: »Ich habe mit der Sache nichts zu tun, im wahrsten Sinne des Wortes nichts zu tun!« Erst nach einem Wochen währenden Eiertanz vor dem Parlament, das ihn bei jeder Fragestunde in die Enge zu treiben suchte, bequemte sich

Strauß zu dem Eingeständnis: »Da der Militärattaché (Oster) bei Anruf den Sachverhalt nicht kennen wollte, sondern sagte: ›Ich kenne nur die Stimme des Ministers‹, bin auch ich mit ihm verbunden worden und habe das wiederholt, was vorlag.« Das war zugleich das Eingeständnis, wochenlang das Parlament belogen zu haben. Strauß später: »Lügen heißt, in Kenntnis der Wahrheit – also bewußt – die Unwahrheit zu sagen. Etwas Unrichtiges kann jeder sagen, der nach dem jeweiligen Stand seiner Erkenntnis das wiedergibt, was er weiß, aber später in Einzelheiten etwas korrigieren muß.« Strauß noch später: »Ich habe nie behauptet, daß ich mit der Sache nichts zu tun hätte.«

Das staatsstreichähnliche Unternehmen des Verteidigungsministers bescherte der Nation einige der schönsten Aphorismen. Der damalige CSU-Innenminister Hermann Höcherl prägte den Satz, die Aktion sei »etwas außerhalb der Legalität« gelaufen. Friedrich Zimmermann beschwichtigte Parteifreunde damit, Strauß habe »zum Wohl des deutschen Volkes gelogen«. Und in einer CSU-Werbeschrift über Strauß stand: »Als ihm seine Feinde die parlamentarische Korrektheit bestritten, trat er zurück. Er hat seine Macht als Oberbefehlshaber nicht ins Spiel gebracht.«

In der Tat: Nachdem Strauß am 11. Dezember 1962 seine Entlassungsurkunde erhalten hatte – er trat allerdings nicht freiwillig zurück, sondern wurde durch den Austritt der FDP-Minister aus der Regierung dazu gezwungen –, brachte er »seine Macht als Oberbefehlshaber« nicht ins Spiel: er räumte seinen Schreibtisch, statt die Bundeswehr aufmarschieren zu lassen. Beim Abgang von der politischen Bühne lieferte er lediglich einige müde Nachhutgefechte. Die Verantwortung für die *Spiegel*-

Aktion wollte der Selbstverteidigungsminister seinem damaligen Staatssekretär Hopf aufbürden: »In dieser Zuständigkeit war Herr Hopf der Chef meines Ministeriums.« Und Bonner Staatsanwälte, die gegen ihn wegen Amtsanmaßung ermittelten, pöbelte er an: »Ein Amtsverbrechen der Verfolgung Unschuldiger.« Der zuständige nordrhein-westfälische Justizminister, Dr. Artur Sträter von der CDU, konterte: »Unqualifizierte Äußerungen werden die Staatsanwaltschaft bei der Erfüllung ihrer gesetzlichen Pflicht, dem Verdacht eines strafbaren Verhaltens nachzugehen, nicht beirren.«
Im Vertrauen darauf, daß die Zeit nicht nur Wunden heilt, sondern auch das Erinnerungsvermögen schwächt, hat Strauß inzwischen seine Beteiligung an der Affäre auf die Rolle eines Hilfs-Telefonisten reduziert.«
Tatsächlich äußerte sich Franz Josef Strauß später gegenüber dem Bonner Gesellschaftsmagazin *Elan* mit einer Dreistigkeit, die auf das schwache Gedächtnis der Menschen spekulierte: »Meine persönliche Mitwirkung bestand darin, daß ich ... den Anruf in Madrid durchgeführt habe. Das ist der einzige Fall meiner Mitwirkung ... Ich bin seinerzeit gegangen, weil wir einen Sicherheitsfall sehr ernst genommen haben.«

Verhalten als Oberster Befehlshaber der Bundeswehr

1. Der Fall des Oberstleutnant Barth

Am 14. September 1961 verflogen sich zwei Jagdbomber des Lechfelder Luftwaffen-Geschwaders – damaliger Kommodore: Oberstleutnant Siegfried Barth – über die Grenze und das Gebiet der DDR. Sie landeten dann in Berlin-Tegel. Einen Tag danach, nach einer nächtlichen Besprechung mit dem Luftwaffen-Inspekteur General Kammhuber, ausgerechnet in der feucht-fröhlichen Atmosphäre einer Münchner Bar, befahl Bundesverteidigungsminister Strauß die sofortige Ablösung und anderweitige Verwendung des Kommodore Barth, ohne daß der so Gemaßregelte vorher von ihm zu dem Vorfall gehört worden wäre.

Am 16. September verlas General Kammhuber diesen Strauß-Befehl, der ohne eine Untersuchung der Schuldfrage ausgesprochen worden war, vor den versammelten Generalen, Kommandeuren und Kommodores der Luftwaffe. Barth wurde zum Luftwaffenamt versetzt, die feierliche Übergabe des Geschwaders an seinen Nachfolger wurde ihm durch einen weiteren Befehl von Strauß verboten, seine für den 1. Oktober vorgesehene Beförderung zum Oberst unterblieb.

Oberstleutnant Barth ersuchte daraufhin den Minister, gegen ihn ein Disziplinarverfahren wegen Dienstpflichtverletzung einzuleiten. Minister Strauß gab darauf keine Antwort; eine Untersuchung des Vorfalls hatte nämlich im Nachhinein die Unschuld des Geschwader-Kommodores ergeben. Nun erhob Oberstleutnant Barth Beschwerde beim Wehrdienstsenat des Bundesdisziplinarhofs wegen Dienststellen- und Ehrminderung. Am 20. Dezember 1961 verhandelte der Senat in München über diese Beschwerde. Als Zeugen waren geladen: die Generale Kammhuber, Harlinghausen, Panitzki und Streib sowie Oberst Krupinski und Oberstleutnant Grasemann. Sie konnten jedoch – ein einmaliger Fall in der deutschen Militärgeschichte – sämtlich nicht vernommen werden. Minister Strauß hatte seinen Staatssekretär Hopf nach München entsandt, und dieser verkündete vor dem Senat, den genannten Zeugen werde vom Minister die Aussagegenehmigung verweigert. Der Senat beriet und beschloß, er müsse die Zeugen hören, zumal sich die Beschwerde ja gerade gegen den Minister richte. darauf drohte Hopf im Auftrage des Ministers, er werde den Zeugen dienstlich befehlen, nicht auszusagen. Um den Zeugen den Konflikt zu ersparen, verzichtete der Senat schließlich auf die Anhörung. Am 12. Februar 1962 fällten die Richter das Urteil: »Der Beschwerde des Oberstleutnants Barth wird stattgegeben. Seine Rehabilitierung ist sämtlichen Kommandeuren der Bundesluftwaffe zu verkünden.«

Minister Strauß, der laut Dienstvorschrift verpflichtet war, Disziplinarsachen beschleunigt zu behandeln, kam dem Auftrag des höchsten Truppengerichts erst nach fast drei Monaten und auf energische Vorstellungen des Wehrbeauftragten hin nach. Doch damit war der Beschluß des Senats nur in einem einzigen Punkt vollzogen. Die Wiedergutmachung für Barth blieb zunächst weiter unerledigt.

Minister Strauß ging so weit, am 12. Mai 1963, nachdem die Presse den Fall aufgegriffen hatte, im Verteidigungs-

ausschuß des Bundestages – in Verletzung der Geheimhaltungspflicht, die der Senat allen Beteiligten ausdrücklich auferlegt hatte – sinnentstellend ausgewählte Bruchstücke des Urteils zu verlesen, sich dann bescheinigen zu lassen, daß er »völlig korrekt« gehandelt habe und schließlich auch noch das Protokoll der Ausschußsitzung in seinem Ministerium »ergänzen« zu lassen, ehe es in Druck ging.
Er ließ alsdann eine wissentlich falsche Darstellung des Falles Barth im amtlichen Bulletin der Bundesregierung veröffentlichen.
Erst unter massivem Druck des Parlaments und der von der Presse alarmierten Öffentlichkeit sowie nachdem Oberstleutnant Barth Klage auf Erfüllung des Münchener Senatsbeschlusses und auf Schadenersatz wegen öffentlicher Ehrenkränkung angedroht hatte, ließ sich Minister Strauß herbei, dem Beschluß des höchsten Truppengerichts nachzukommen.
Es blieb noch die Frage der Kosten zu klären. Minister Dr. h. c. Strauß weigerte sich zunächst, selbst zu zahlen. Er erklärte schließlich – wie unwidersprochen veröffentlicht werden konnte –: »Gut, ich bezahle alles, notfalls aus der Parteikasse der CSU.«

2. Der Vorgesetzte Strauß

Am 28. April 1958 verlangte Minister Strauß als Oberbefehlshaber der Bundeswehr »vorbildliche Haltung« eines jeden Vorgesetzten »im Dienst wie auch außerdienstlich«.
Am 29. April 1958 gab der Minister seinem Fahrer Leonhard Kaiser Anweisung, sich an die Verkehrszeichen des

Polizeihauptwachtmeisters Hahlbohm, der an der Kreuzung neben dem Eingang zum Bundeskanzleramt Dienst tat, nicht zu halten. Es kam dabei, als der Ministerwagen die nicht freigegebene Kreuzung überquerte, beinahe zu einem Zusammenstoß mit einer vollbesetzten Straßenbahn. Auf der Rückfahrt ließ Strauß seinen Fahrer bei dem Verkehrspolizisten halten und fragte diesen, ob er gegen Kaiser Anzeige erstatten werde. Der Polizeibeamte bejahte dies. Darauf Minister Strauß: »Geben Sie mir Ihren Namen. Ich werde dafür sorgen, daß Sie von der Kreuzung verschwinden.« (Zitiert nach gleichlautenden Meldungen in fast der gesamten Presse der Bundesrepublik, u. a. im Nachrichtenmagazin *Der Spiegel* vom 3. 9. 1958.)

Im weiteren Verlauf der Angelegenheit verlangte Minister Strauß zunächst vom Bonner Polizeipräsidenten Dr. Degenthoff die Entfernung des Hauptwachtmeisters Hahlbohm von seinem Posten, wandte sich dann sogar mit einer Dienstaufsichtsbeschwerde an den neuen Innenminister von Nordrhein-Westfalen, Dr. Dufhues (CDU), worin es hieß:

»Ich muß verlangen, daß der Beamte nicht nur gemaßregelt, sondern in Zukunft auch nicht mehr als Verkehrspolizist in Bonn verwendet wird. Ich kann mir das Verhalten des Beamten eigentlich nur aus einer gehässigen Einstellung heraus erklären, die ich in manchen Fällen bei Polizeibeamten des Landes Nordrhein-Westfalen und während der Regierungszeit des Kabinets Steinhoff [SPD] und unter Amtsführung des Innenministers Biernath habe beobachten müssen! [...] Ich bitte um eine scharfe Untersuchung und um ein strenges Eingreifen.«

Aber Innenminister Dr. Dufhues wies die Beschwerde

ab, da der Beamte pflichtgemäß gehandelt hatte. Als dies öffentlich bekannt wurde (und in diesem Zusammenhang auch das Strafregister des Ministerfahrers Kaiser), stellte Strauß Strafantrag gegen Polizeihauptwachtmeister Hahlbohm wegen Verletzung der Amtsverschwiegenheit. Die Verhandlung gegen den Polizeibeamten vor dem Landgericht Bonn ergab, daß Hahlbohm keine Amtsgeheimnisse verraten hatte; er wurde auf Kosten der Staatskasse freigesprochen.

Mit Datum vom 13. August 1959 gab Minister Strauß folgenden fernschriftlichen Befehl:

»An alle Kommandeure.

Betrifft: Kraftfahrzeugunfälle in der Bundeswehr. Verlange beispielhaftes Verhalten im Straßenverkehr und strenge Bestrafung bei Verkehrsdelikten. Anordne strenge Auslese bei der Auswahl des Fahrpersonals. Wiederholte, auch leichtere Verkehrsverstöße können auf charakterliche Mängel schließen lassen.«

Der ständige Fahrer des Bundesverteidigungsministers, Leonhard Kaiser, dessen Vorstrafen Strauß spätestens seit der Dienstaufsichtsbeschwerde gegen Polizeihauptwachtmeister Hahlbohm bekannt waren, wurde von ihm weiterbeschäftigt, obwohl Kaiser wegen Verkehrsdelikten verschiedenster Art in den Jahren zwischen 1948 und 1949 fünfmal gerichtlich bestraft worden war, außerdem 1944 eine Gefängnisstrafe wegen militärischen Diebstahls und unerlaubter Entfernung von der Truppe erhalten hatte.

In der Nacht vom 7./9. Mai 1962 verursachte Kaiser durch Nichtbeachtung der Vorfahrt und Überschreitung der vorgeschriebenen Höchstgeschwindigkeit einen schweren Verkehrsunfall; drei Personen wurden dabei erheblich verletzt. Er wurde von Minister Strauß trotzdem weiterbeschäftigt. Erst als er bald darauf, diesmal wegen Verkehrsgefährdung und Bedrohung des Fahrers eines von ihm verkehrswidrig überholten Fahrzeugs mit der Dienstpistole, wieder angezeigt und verurteilt wurde, ordnete Strauß Kaisers Versetzung zu einer Bundeswehrdienststelle in München an. Bei Besuchen in München forderte der Minister auch weiterhin regelmäßig Kaiser als Fahrer an.

3. Rechtswidriger Eingriff in die Justiz

Im Jahre 1960 verkaufte der bayerische Staat dem Nürnberger Makler Hackel ein 30 ha großes Grundstück im Verkehrswert von rund 15 Millionen DM zum ›Vorzugs‹-preis von nur 900000 DM. Bald danach spendete Hackel der CSU einen fünfstelligen DM-Betrag. Die Nürnberger Staatsanwaltschaft leitete ein Ermittlungsverfahren ein, in dessen Verlauf am 20. März 1961 ein richterlicher Befehl zur Durchsuchung der Nürnberger CSU-Geschäftsstelle erwirkt wurde. Der dortige CSU-Bezirksvorsitzende Schäfer wandte sich, nachdem er vergeblich gegen die Durchsuchung protestiert hatte, hilfesuchend an den damaligen CSU-Generalsekretär Dr. Zimmermann, der wegen eines gegen ihn schwebenden Meineidsverfahrens von seinem Amt suspendiert war und deshalb nicht selbst tätig werden wollte, alsdann an den CSU-Vorsitzenden Strauß, der sofort, und zwar unter ausdrücklichem Hinweis auf sein Bundesministerium, vom bayerischen Justizministerium eine Aussetzung der Durchsuchung erwirkte. Die beauftragten Staatsanwälte hatten sie jedoch bereits erzwungen. Strauß hatte außerdem verlangt, der das Verfahren leitende Oberstaatsanwalt Dr. Sauter sollte unverzüglich ihn, »den Bundesverteidigungsminister«, in Bonn anrufen. Da Dr. Sauter dies ablehnte, rief Strauß ihn nun selbst an und verlangte darüber Auskunft, welcher Partei der Oberstaatsanwalt und die beauftragten Staatsanwälte angehörten.

Diesen Mißbrauch seines Ministeramts zu parteipolitischen Zwecken, verbunden mit einem Eingriff in die Unabhängigkeit der Justiz und in ein schwebendes Verfahren, versuchte Strauß gegenüber dem Parlament nach längerer Verweigerung der Auskunft mit der – wissentlich falschen – Behauptung zu rechtfertigen, er habe nicht als Bundesminister, sondern nur als besorgter Landesvorsitzender der CSU gehandelt. Da er den Oberstaatsanwalt jedoch ausdrücklich um »unverzüglichen Anruf bei dem Herrn Bundesminister der Verteidigung« hatte ersuchen lassen, mußte Strauß dem Parlament schließlich bekennen, daß ihm »infolge der Aufregung über diesen Vorgang ein Formfehler unterlaufen« sei, den er selbstverständlich bedauere.

4. Versagen in Krisensituationen

In der über dreißigjährigen Geschichte der Bundesrepublik hat es nur einmal eine so ernste internationale Krisensituation gegeben, daß mit der Möglichkeit eines Dritten Weltkriegs gerechnet werden mußte. In einen solchen weltweiten Konflikt zwischen den beiden Supermächten und ihren Verbündeten wäre unvermeidbar auch die Bundesrepublik hineingezogen worden, ja sie hätte mit an Sicherheit grenzender Wahrscheinlichkeit das Ziel der ersten gegnerischen Atomschläge dargestellt.

Eine solche Gefahr für die Bundesrepublik bestand nur

einmal, nämlich während der Kuba-Krise vom Oktober 1962. Der Konflikt begann am Dienstag, dem 16. Oktober, 9 Uhr früh, als der US-Präsident John F. Kennedy davon unterrichtet wurde, daß sowjetische Spezialisten im Begriff seien, auf Kuba, 150 Kilometer vor der Küste der Vereinigten Staaten, Abschußrampen für Mittelstreckenraketen zu errichten. In Zukunft würde es den Sowjets möglich sein, Washington, Boston oder New York ohne Warnung durch Atomfeuer zu vernichten.

Die Reaktion des Präsidenten auf diese Herausforderung: In den nächsten Tagen wurden sämtliche Streitkräfte der USA in aller Welt in Alarmzustand versetzt, alle wichtigen Politiker nach Washington beordert, und 40 Schiffe der US Navy wurden in die Karibik entsendet. Am 21. Oktober beschloß der amerikanische Krisenstab die Blockade Kubas; kein Schiff mit militärisch verwendbarer Fracht sollte die weitgezogenen Sperren passieren dürfen. Die Sowjetunion wurde ultimativ aufgefordert, sich der Seeblockade zu fügen und keine Atomraketen nach Kuba zu liefern. Alle Verbündeten der USA wurden durch Blitzbesuche des amerikanischen Außenministers Dean Acheson auf den außergewöhnlichen Ernst der Lage hingewiesen, besonders die Bundesregierung, denn man befürchtete sowjetische Repressalien zuerst gegenüber West-Berlin und dessen empfindlichen Verbindungswegen.

In Bonn waren wenige Stunden nach Bekanntwerden der amerikanischen Blockademaßnahmen die Lebensmittelgeschäfte ausverkauft; an den westdeutschen Aktienbörsen purzelten die Kurse, und je näher die sowjetischen Raketenfrachter der amerikanischen Blockadeflotte kamen, desto mehr Goldbarren und -münzen verkauften die Banken und Sparkassen der Bundesrepublik ihren danach in langen Schlangen anstehenden Kunden.

Am Mittwoch, dem 24. Oktober 1962 trat im Kanzleramt der Verteidigungsrat zusammen. Es wurde beschlossen, die Notstandsgesetze im Kabinett beschleunigt zu verabschieden. Bundesinnenminister Höcherl veranlaßte die Länderregierungen, höhere Beamte für den zivilen Bevölkerungsschutz ab sofort in Dauerbereitschaft zu halten.

In der kritischsten Nacht der Kuba-Krise, als sich entscheiden mußte, ob die Sowjetunion die Kuba-Blockade der USA respektieren würde oder nicht, waren zahlreiche Politiker beim Bundespräsidenten Lübke auf Schloß Brühl zu Gast, darunter Bundesverteidigungsminister Franz Josef Strauß, Oberbefehlshaber der bereits in erhöhte Alarmbereitschaft versetzten Streitkräfte der Bundesrepublik.

Strauß sprach in dieser kritischen Nacht den angebotenen alkoholischen Getränken in einem Maße zu, das ihn bald in einen Zustand geraten ließ, wo er die Kontrolle über sein Verhalten verlor. Er rempelte mehrere sozialdemokratische Parlamentarier in rüder Weise an. Auf den Abgeordneten und späteren Bundesjustizminister Gerhard Jahn, ein für Strauß unbequemes Mitglied des FIBAG-Untersuchungsausschusses, mit dem Finger weisend, ließ er sich überlaut vernehmen: »So etwas gehört eigentlich aufgehängt!« Bundestagspräsident Gerstenmaier (CDU), der die Szene aus der Nähe beobachten konnte, verließ daraufhin angewidert den Raum.

In den darauffolgenden Stunden steigerte Strauß seinen Rausch bis zur Volltrunkenheit. In den frühen Morgenstunden, als sich die Kuba-Krise entschied, wurde der Oberbefehlshaber der bundesdeutschen Streitkräfte aus einem Gebüsch im Park geborgen, wo er sich erbrochen und dann zur Ruhe gelegt hatte.

Anzumerken ist, daß das Gesetz wohl jedem Kraftfahrer verbietet, sich in angeheitertem Zustand seinem Fahrzeug auch nur zu nähern und ihn streng bestraft, wenn er gar das Steuer noch führen will. Es ahndet auch mit großer Strenge den Rausch eines Soldaten auf Posten. Aber der Oberbefehlshaber der Streitkräfte darf sich, selbst bei drohender Kriegsgefahr und im kritischsten Augenblick, ungestraft betrinken. Er sollte dann nur nicht von sich behaupten, der beste Krisenmanager zu sein, der sich finden ließe; er sollte nicht den starken Mann markieren, dessen eiserne Nerven ihn befähigen, jede Lage zu meistern.

Von seinem Pressesprecher wird zwar gelegentlich versichert, »der Chef« habe sich »enorm gebessert«, zumal seit er Kanzlerkandidat sei. Aber noch Anfang 1980 stöhnte der Strauß-Bewunderer Golo Mann (*Spiegel* 1/2, 1980, S. 129): »Er (Strauß) hat einen reichen Geist, nur zuviel trinken darf er nicht.«

Aber auch im Dialog mit einem nüchternen Strauß (Der *Spiegel* meldete: »... die Gläser ... bargen freilich nicht den Lieblingstrunk des Kandidaten, nur dessen wichtigsten Zusatz, Wasser«) mußte Professor Golo Mann Befremdliches aus dem Munde des CSU-Chefs vernehmen. Bei dem am 28. Februar 1980 von der ARD zur besten Sendezeit, um 20.15 Uhr, ausgestrahlten einstündigen »Disput« zwischen Franz Josef Strauß und Golo Mann (*Spiegel*: »Alpenkönig und Menschenfreund«) ließ sich der Kanzlerkandidat der Unionsparteien beispielsweise zum Sturz des Schahs wie folgt vernehmen:

»Der Schah hatte hier den Zusammenhang mit den religiösen Strömungen im Volke – das dürfte wohl auch für seine modern erzogene und sicherlich sehr sozial und emanzipatorisch-fortschrittlich eingestellte Frau gelten – verloren. Dazu kommen wie immer Mißbrauchserscheinungen, Verfallserscheinungen der Macht wie Korruption, sicherlich auch Grausamkeiten der Geheimpolizei in der Sicherung der Macht. Nur darf man natürlich moralische Maßstäbe, wie sie vielleicht für Schweden oder für Holland oder für die Bundesrepublik oder für die Schweiz usw. gelten, nicht auf halbentwickelte Länder übertragen, wo sicherlich Herrschaft erworben und Herrschaft gesichert werden kann; nur wenn man manchmal auch mit härteren Methoden vorgeht als es in einem geordneten Rechtsstaat der Fall ist.«

Von seinem »Führer« sagte der ehemalige »weltanschauliche Referent« Strauß: »Hitler wollte seinen europäischen Krieg haben, aber er wollte sicherlich keinen Weltkrieg haben, an dessen Ende das Deutsche Reich ein rauchender Schutthaufen sein mußte. Das wollte er bestimmt nicht.«

Dazu wagte Golo Mann zu bemerken: »Er wollte es nicht, aber er hat auch das durchaus in Betracht gezogen, nicht wahr?«

Strauß erteilte dafür dem Geschichtsprofessor einen sanften Verweis: »Sie halten ihn für intelligenter als ich ihn gehalten habe. Hitler wollte zwar nicht den großen Weltkrieg, aber er hat militärische Handlungen vorgenommen, von denen er wissen mußte, daß sie mit sicherer Unaufhaltsamkeit zum großen Weltkrieg führen werden und dafür fehlte ihm eben, weil er eben ein kleiner Spießbürger, ein bornierter Nationalist und ein zwischen Wahnsinn und Verbrechen hin- und hergetriebener Pathologe war ... – aber ich sag das nur in dem Zusammenhang, daß die wenigsten großen Kriege gewollt sind, in die meisten ist die Menschheit hineingeschlittert und dann gab eines das andere. Und das ist schon bei der Teufelsautomatik der Mobilmachung 1914 der Fall gewesen.«

Schließlich kam Strauß auf sein Lieblingsthema zu sprechen, nämlich auf sich selbst und erklärte: »Ich stehe auf der Grundlage des christlichen Sittengesetzes in der weitesten Auslegung seines Textes, nicht in der konfessionellen oder wie man immer sagt: die klerikale Partei, und ich betrachte mich als einen modernen Konservativen. Ich betrachte mich als einen echten Liberalen und als einen europäisch geläutert und europäisch orientierten Nationalen, konservativ und sozialistisch. Der Konservative von heute ist nicht mehr der Konservative von vor 100 Jahren. Der Sozialist von heute, soweit er Marxist ist, ist noch genau dasselbe, was er vor 100 Jahren war. Für mich bedeutet konservativ nicht, an allem zu hängen, was einmal war, – im Gegenteil glaube ich, habe ich mich in meiner politischen Sturm- und Drang-Zeit sehr als Bilderstürmer betätigt –, sondern auch aus einer Wertordnung heraus zu leben, die immer gilt.«

Und auf Golo Manns Frage »Sind Sie auch ein Liberaler?« antwortete Strauß: »Ich bin ein Liberaler ... was Toleranz, was Anerkennung anderer Meinungen, was freiheitliche Gestaltung und Entwicklung des eigenen Lebens anbetrifft.« Dazu meinte *Der Spiegel*: »Da werden sie aber lachen, die Ratten und Schmeißfliegen.«

Strauß als Politiker

In der Ausgabe vom Mai 1965 des der CDU nahestehenden Monatsmagazins *Civis* hieß es in einer kritischen Studie über die Person und den Politiker Franz Josef Strauß:

»Ohne daß es jemand ausspricht, vergleicht die deutsche Öffentlichkeit diesen Mann mit Hitler.«

Das Magazin betonte zwar sofort, der Schluß sei abwegig, daß für die Deutschen zum zweiten Mal die Stunde des Jahres 1933 geschlagen hätte, wenn Strauß eines Tages Kanzler weden sollte. Aber an anderer Stelle dieses *Civis*-Artikels heißt es: »In seiner Disziplinlosigkeit liegt Straußens persönliche Tragik. Sie nämlich scheint jenen Unkenrufen recht zu geben, nach denen Straußens ganz legitimes Streben nach Macht im Staate eines Tages der Demokratie gefährlich werden muß.«

Tatsächlich drängt Strauß selbst unaufhörlich den Bürgern der Bundesrepublik, erst recht den europäischen Nachbarn einen solchen Eindruck auf. Dadurch entdekken die einen an ihm »faschistoide Züge«, die andern sagen gar – nicht diffamierend, sondern zutiefst erschrokken: »Das ist ein Faschist!« Für Franz Josef Strauß sind solche Urteile schlicht »Verleumdungen« und dann »selbstverständlich« »vom Osten inspiriert«, »kommunistisch gesteuert« oder »das Produkt der Untergrundpropaganda eines Kommunismus Moskauer Prägung«.

Aber Franz Josef Strauß sorgt immer wieder selbst dafür, daß sich seine Mitbürger an die Zeit der Nazi-Diktatur erinnert fühlen, auch diejenigen, die über den Verdacht

kommunistischer Steuerung erhaben sind. Hierfür einige Beispiele:
Im Wahlkampf 1969, wo es zu Tumulten im Bamberger Landratsamt gekommen war, wurde Strauß von einem örtlichen CSU-Funktionär davon unterrichtet, daß sich einige der Demonstranten bei ihrer Festnahme in übelster Form aufgeführt hätten. Er telegrafierte daraufhin an den damaligen bayerischen Ministerpräsidenten Goppel:
»Lenke Ihre Aufmerksamkeit auf die Vorgänge im Bamberger Raum ... Diese Personen ... benehmen sich wie Tiere, auf die die Anwendung der für Menschen gemachten Gesetze nicht möglich ist ...«
Dazu äußerte sich das Präsidium des Deutschen Richterbundes in einer Presseerklärung:
»Das Vokabular erinnert an Nazizeiten. Auch Rechtsbrecher sind Menschen. Die Störung der öffentlichen Ordnung durch Gewalttaten erfordert gesetzmäßige Schutzmaßnahmen, aber die Ordnung ist – wie Bundespräsident Heinemann jüngst in Berlin sagte – kein Selbstzweck. Der Deutsche Richterbund wendet sich daher gegen jeden Versuch, unbequeme einzelne oder Minderheiten außerhalb der Legalität zu verfolgen.«
In seiner fernschriftlichen Erwiderung erklärte dazu Strauß: »Hierzu bemerke ich, daß Mitglieder der Gruppe, die sich gern außerparlamentarische Opposition nennt ..., Verhaltensweisen zeigen, die sonst für Geisteskranke bezeichnend sind ... Ich habe aber nicht verlangt, daß Leute, die sich wie Tiere benehmen, auch wie Tiere behandelt werden sollen. Ich habe lediglich festgestellt, daß die Anwendung der für Menschen gemachten Gesetze nicht möglich sei, weil diese Gesetze auch bei Rechtsbrechern noch mit Reaktionen rechnen, die der menschlichen Kreatur eigentümlich sind [...] Es ist daher schwer

verständlich, daß ausgerechnet der Deutsche Richterbund derartig menschenunwürdiges Verhalten zu rechtfertigen versucht und mich angreift, wenn ich mich bemühe, ein Mindestmaß an Autorität gerade der Justiz zu erhalten.«

Darauf antwortete der Deutsche Richterbund:

»Ihre von uns kritisierte und auch in Ihrem Fernschreiben wiederholte Auffassung, daß die von Ihnen genannten Verhaltensweisen ›die Anwendung der für Menschen gemachten Gesetze nicht möglich‹ macht, impliziert die Aufforderung zu einer außergesetzlichen Verfolgung. Gegen die Auffassung, daß bestimmte Gruppen unseres Volkes – und mögen sie sich auch gesetzwidrig verhalten – rechtlos gestellt werden sollten, müssen wir uns jedoch im Interesse der Rechtsstaatlichkeit wehren, dies zumal nach den bitteren Erfahrungen, die im ›Dritten Reich‹ mit dem Ausschluß bestimmter Gruppen der Bevölkerung vom Schutz der Gesetze gemacht worden sind. Wir sind auch nicht der Meinung, daß Ihre Äußerung geeignet ist, die Autorität der Justiz zu stärken.«

Und Sebastian Haffner schrieb dazu in einem Kommentar:

»[...] Seit Ausschwitz weiß man, worauf es abzielt, wenn ›Menschentieren‹ der Schutz der für Menschen gemachten Gesetze entzogen wird. Konsequenz solcher Gedankengänge ist das Genozid, und Strauß ist zu gebildet und zu intelligent, um das nicht genau zu wissen [...] Man kommt nicht darum herum: Hier hat einer der prominentesten Politiker der Bundesrepublik, ein Minister und Parteivorsitzender, öffentlich und wiederholt die Abschaffung des Rechtsstaats für eine ganze Menschengruppe gefordert, und das mit einer Begründung (›Tiere‹, ›Geisteskranke‹), die als bewußte Anspielung auf Praktiken des Hitlerstaates verstanden werden muß. Ich habe mir vergeblich vorzustellen versucht, daß ein englischer oder französischer Minister etwas Derartiges tun könnte. (England und Frankreich haben ja auch ihre studentischen Rebellen.) Aber wenn er es unglaubwürdigerweise täte – dessen bin ich ganz sicher –, dann würde er von einem Sturm öffentlicher Empörung, nicht zuletzt aus seiner eigenen Partei, von der Szene gefegt werden. Er würde nicht einen Tag länger Minister bleiben können, und er hätte keine Aussicht, es je wieder zu werden.«

Unter dem Datum vom 2. November 1970 veröffentlichte das Nachrichtenmagazin *Der Spiegel* einen Beitrag mit der Überschrift: ›Man muß die FDP zerstören‹. Darin heißt es:

»Eine rechte außerparlamentarische Opposition arbeitet seit dem 29. November 1969 am Sturz der Bonner SPD/FDP-Regierung. Damals, fünf Wochen nach der Kanzlerwahl Willy Brandts, trafen sich mit dem CSU-Vorsitzenden Franz Josef Strauß die Großindustriellen Herbert Quandt und Friedrich Karl Flick [...] – es folgen die Namen weiterer Teilnehmer – Flick hielt den Ablauf der Unterredung in einem ›Notiz‹ genannten Protokoll fest.

Strauß eröffnete das Treffen mit einem Referat: [...] ›Die FDP sei von Linken zersetzt, man müsse sie zerstören [...]‹

In der anschließenden Diskussion einigte sich die Industriellen-Apo darauf, eine vorauszusehende Rezession Karl Schiller in die Schuhe zu schieben. Der SPD-Wirtschaftsminister müsse als Scharlatan dargestellt werden. Man müsse Franz Josef Strauß persönliche und finanzielle Hilfe zur Verfügung stellen. Es gelte, die Massenmedien zu beeinflussen. Strauß versprach, sich um den Bayerischen Rundfunk zu kümmern [...] Flick-Teilhaber Wolfgang Pohle, so wurde anschließend in engerem Kreise verabredet, solle die FDP-Abwerbung in Bayern organisieren. Leute wie Dietrich Bahner und Heinz Starke wackelten sowieso.

Ein Jahr später, am 14. Oktober 1970, attackierte die inzwischen um Erich Mende, Siegfried Zoglmann und Heinz Starke verstärkte CDU/CSU-Fraktion in einer ›Aktuellen Stunde‹ die Behauptung des Bundeskranzlers Willy Brandt, ›eine rechte außerparlamentarische Opposition‹ plane einen Anschlag auf die SPD/FDP-Regierung. Für die Union wies Fraktionschef Rainer Barzel das ›unglaubliche Wort des Kanzlers‹ zurück. Der CSU-Abgeordnete des Wahlkreises Weilheim, Franz Josef Strauß, fehlte. Er hatte sich wegen einer USA-Reise beurlauben lassen.

Ort der Handlung: Das Restaurant ›Wienerwald‹, New York City, 86. Straße; Zeit: Sonnabend, den 10. Oktober 1970, 20.30 Uhr bis 21.00 Uhr. Szene: Ein durch ein Gitter abgetrennter Tisch, daran sitzend eine dunkelblonde Dame und fünf Herren, unter ihnen Franz Josef Strauß, Vorsitzender der CSU.

Dieser erklärte dort Absichten, die ihm später wohl selbst so ungeheuerlich erschienen, daß er sie dann energisch in Abrede stellte. Sinngemäß ging es darum, was er täte, wollte ihn jemand daran hindern, an die Macht zu gelangen. *Der Spiegel* hatte zwar Augen- und Ohrenzeugen dafür, daß Strauß seine Äußerungen tatsächlich gemacht hatte, und diese Zeugen wollten dies auch beeiden. Aber Strauß konnte seinerseits aus der damaligen Tischrunde Zeugen benennen, die eidesstattlich versicherten, davon nichts (oder jedenfalls anderes) gehört zu haben.

Am 5. Juli 1970 hatte Strauß auf dem Nürnberger Parteitag der CSU diese als eine »Sammlungsbewegung zur Rettung des Vaterlandes« bezeichnet. Der Karikaturist Rainer Hachfeld hatte ihn daraufhin in einer Karikatur in der Form eines Hakenkreuzes dargestellt. Dagegen stellte Strauß Strafantrag wegen Beleidigung. In dem Prozeß – bei dem Strauß übrigens obsiegte – wurde seitens der Verteidigung ein Gutachten des Historikers Imanuel Geiss über das politische Denken des Franz Josef Strauß präsentiert, dem die folgenden Zitate entnommen sind:

> »[...] Strauß selber verkündete im CSU-Hauptquartier vor CSU-Getreuen: ›Ich bin ein Deutschnationaler und fordere bedingungslosen Gehorsam.‹ [...] »Man muß sich der nationalen Kräfte bedienen, auch wenn sie noch so reaktionär sind – mit Hilfstruppen darf man nicht zimperlich sein!«
> (Strauß im Bad Reichenhaller Vertrautenkreis, zitiert nach: *Der Spiegel*, 12/1970, S. 106.)
> Strauß hat in der Vergangenheit wie in der jüngsten Gegenwart eine Reihe von Argumenten benutzt, wie sie ähnlich auch die extreme Rechte der Weimarer Republik, also NSDAP und deutschnationale Volkspartei (DNVP), zum Kampf gegen Republik, Demokratie und Politik des Ausgleichs angewandt hatten. Es seien hier nur einige besonders markante Komplexe herausgegriffen: Antikommunismus und Anti-Marxismus, Anti-Intellektualismus, die fixe Idee von der ausländischen Verschwörung gegen Deutschland mit ihren Handlangern im Inland, die Kriegsschuldfrage von 1914, abgewandelt dazu die von 1939, Versailles als diffamierendes Argument [...] Der NSDAP und Strauß ist gemeinsam, daß sie einige formale Phänomene zum Anlaß nahmen oder nehmen, um vom politischen Kern der Auseinandersetzungen abzulenken oder dessen Existenz gar völlig zu leugnen.

Seit Beginn der Studentenunruhen und dem Auftreten der Apo hat Strauß hier ein besonders dankbares Objekt gefunden [...] Vermutlich hat Strauß mit seinem Verhalten mehr zur Frustration und Rebellion der intellektuellen Jugend beigetragen als irgend jemand sonst in der Bundesrepublik [...]
Der Übergang zur reinen, beleidigenden Diffamierung und Beschimpfung ist leicht vollzogen: ›Organisierte Bande politischer Landstreicher‹, ›Wohlstandsrandalierer‹, ›allenfalls ein moderner zoologischer Garten, in dem man sich von Rauschgift, Maoismus und freier Liebe ernährt‹, war nur ein erster Anfang. Einige Monate später beschimpft er die Apo als ›verdreckte Vietcong-Anhänger, die da öffentlich Geschlechtsverkehr treiben‹. So war das berüchtigte Tierzitat [...] wohl vorbereitet [...] Zur Affinität zwischen Strauß und den direkteren Nachfolgern des Nazismus: Die *Deutschen Nachrichten*, ein Organ der NPD, hatten bereits ein halbes Jahr vor Strauß geschrieben: ›Teufel, Langhans und wie sie sonst heißen mögen, haben sich wie Affen benommen, warum behandelt man sie nicht so?‹ [...]
Die Verwilderung der Sprache und Verrohung der politischen Sitten, zu denen Strauß (›Krampfhenne‹, ›Bonner Machthaber‹) in großem Maße beigetragen hat, findet auf deutschem Boden nur einen historischen Präzedenzfall – die ›Sammlungsbewegung zur Rettung des Vaterlandes‹, die ins Dritte Reich führte.«

Nachdem Geiss einige hundert Beispiele für deutliche Affinitäten zum historischen deutschen Faschismus und zu seinen zeitgenössischen Nachfahren aufgezeigt hat, kommt er zu dem Ergebnis, daß die Assoziierung von Strauß mit dem Symbol des Hakenkreuzes in einem rein politischen Sinn »durchaus plausibel erscheint«.
Die Affinität zu Faschismus alter und neuer Art, wie Geiss sie geschildert hat, zeigt sich bei Strauß am deutlichsten in den Spalten des von ihm herausgegebenen CSU-Parteiorgans *Bayernkurier*, aber auch in seinen

Buchveröffentlichungen, Aufsätzen und Ansprachen, vor allem in seiner Sonthofener Rede vom 19. November 1974 (vollen Wortlaut im Anhang) in den Beschreibungen seiner Eindrücke von gerade besuchten Ländern mit faschistischen oder autoritär-rassistischen Regierungen sowie bei der Auswahl seiner politischen Freunde und Mitarbeiter. Einige Beispiele sollen dies verdeutlichen:

Lange vor seiner berühmt-berüchtigten Sonthofener Rede schrieb Strauß in seinem Buch *Finanzpolitik – Theorie und Wirklichkeit*:

> »Man kann einem Volk, auch wenn es ihm gutgeht, die Gegenwart als schwer erträglich und durch düstere Prophezeiungen die Zukunft als gefährlich und katastrophengeladen vorgaukeln, bis sogar Anwandlungen von Hysterie auftreten und durch Angstreaktionen erst die Gefahren heraufbeschworen werden, vor denen angeblich nur gewarnt werden soll. Dazu gehört auch der leichtfertige, das Gesetz der Dimension verletzende Gebrauch der Begriffe Krise, Depression, Inflation und ähnlicher.«

Aber gerade diese Panikmache, vor der er damals warnte, wurde sein eigenes politisches Rezept, die Richtschnur seines Vorgehens. Er hatte für sich – nach dem Beispiel Hitlers und anderer faschistischer Führer – die Rolle eines Erretters aus tiefster Not und Schmach auserkoren. Dafür bedurfte er einer Situation, die vom Volk als elend und schmachvoll empfunden wurde, und wenn es sie nicht gab, mußte er sie eben herbeizureden versuchen.
So nannte er denn im außenpolitischen Bereich den Beitritt Bonns zum Atomsperrvertrag »ein neues Versailles, und zwar eines von kosmischen Ausmaßen«, wobei angemerkt sei, daß den Älteren der den Ersten Weltkrieg beendende Friedensvertrag von Versailles noch unter den

Propagandabezeichnungen der Nazis (»Schmachfriede« oder »Versailler Diktat«) in Erinnerung ist). Die Anerkennung der Oder-Neiße-Linie als Westgrenze Polens bezeichnete Strauß als »Landesverrat«, und auch die Anerkennung der DDR, Vorbedingung für die Normalisierung der Beziehungen und für eine Politik der Aussöhnung und Friedenssicherung, nannte Strauß »Verrat«.

Von Willy Brandt behauptete Strauß, er plane eine »Welt-Volksfront«, Herbert Wehner nannte er ein »Kommunistenbürschl«. Die Politik der sozialen Reformen tauchte er bedenkenlos in den Sumpf einer Sprache, wie man sie von einem Primus des humanistischen Max-Gymnasiums nicht erwartet hätte: »Das WC im Bundeskanzleramt ist noch ein Reformscheißhaus ... Willy Brandt führt uns alle in die Scheiße.«

Sogar das erste Konjunkturprogramm des neuen Bundeskanzlers Helmut Schmidt diente ihm als Beweis dafür, daß die Bundesrepublik »in eine Art DDR umgeformt« werden solle. Die Milliarden an Investitionshilfe flössen nur in die Kassen der Großunternehmen, denn – so Strauß – »die kleinen und mittleren Unternehmen kann man nicht verstaatlichen, aber die Großbetriebe werden immer weiterleben als volkseigener Betrieb.« Am wildesten aber trieb er es auf wirtschaftspolitischem Gebiet. Dort malte und malt er noch immer schwarz in schwarz und proklamiert seit Jahren den Staatsnotstand infolge Inflation, Arbeitslosigkeit, Verschuldung und »hausgemachter« Krise. Dabei schert es ihn wenig, daß die Bundesrepublik ein von fast allen Staaten der Erde mit Respekt und kaum verhohlenem Neid als ein Hort der Stabilität und solider Wirtschaftsführung angesehen wird.

»Wir wollen kein Haschisch, Porno und keine langen Haare, sondern eine unternehmerische Leistungsordnung«, lautet seine an Demagogie kaum noch zu überbietende Antwort, wenn man ihn nach einem Ausweg aus der angeblich so schrecklichen Krise, nach seiner Alternative zum Kurs von Helmut Schmidt fragt. Auch in dieser Antwort des Franz Josef Strauß, die sich bereits an das taktische Konzept hält, das er in Sonthofen verkündete (»Nur anklagen und warnen, aber keine konkreten Rezepte nennen!«), steckt ein faschistischer Kern. Schon Adolf Hitler, ein Meister der Demagogie, wollte sich auf kein Programm festlegen, nur anklagen und geifern, und auch Hitler scheute sich nicht, ärgerliche Randerscheinungen als »System« der Weimarer Republik hinzustellen und Nazi-»Zucht und Ordnung« als einzigen Ausweg.

Strauß will zunächst an den Universitäten endlich »Zucht und Ordnung und die Autorität der Professoren« wiederherstellen, den rebellischen Studenten die Zuschüsse streichen. Das, so hofft er, kommt bei der Arbeiterschaft gut an. Aber die paritätische Mitbestimmung in Großbetrieben, wie sie der DBG fordert, hält er schlicht für »Quatsch«, was ihm wiederum die Sympathie der Unternehmer einbringen soll. Und um die Stimmen der Rentner buhlt er, indem er ihnen erzählt, nur er könne ihre wohlerworbenen Rechte vor dem »Rentenbetrug« der Roten schützen, während er fast gleichzeitig (in der *wirtschaftswoche* vom 30. 1. 1976) der Unternehmerschaft erklärt: »Ich habe ... unzählige Male wiederholt: der Sozialstaat hat seine Grenzen erreicht und teilweise überschritten ...«

Den Ultrarechten biedert sich Strauß als »Deutschnationaler« an; in der von Hitler verschuldeten Katastrophe von Stalingrad, die Hunderttausenden das Leben und weiteren Hunderttausenden die Gesundheit und viele

Jahre der Freiheit kostete, erkennt sein *Bayernkurier* ein »sinngebendes Opfer«.

Ohne Scheu lobte Franz Josef Strauß 1977 die blutige Pinochet-Diktatur in Chile: »Ich habe keine Zweifel, daß Chile ein demokratisches und freies Land ist und vor allem, weil es in den vergangenen vier Jahren fundamentale Prinzipien der deutschen Demokratie übernommen hat: die Disziplin, den Respekt und die Hilfsbereitschaft.«

»Sorgen Sie dafür«, rief er bei seinem Chile-Besuch 1977 den faschistischen Machthabern zu, »daß die Freiheit in Ihrem Lande ... erhalten bleibt. Arbeiten Sie daran, daß Disziplin, Fleiß, Opferbereitschaft und Gemeinschaftssinn ein blühendes Land Chile schaffen, in dem jeder Bürger mit Stolz sagen kann: ›Ich bin ein freier Chilene!‹«

Nach Hause zurückgekehrt, versicherte Strauß: »Es ist einfach Unsinn, davon zu reden, daß in Chile gemordet und gefoltert würde.« Ebenso verteidigte oder entschuldigte er das rassistische Apartheid-Regime in der Südafrikanischen Union, setzte sich für die Aufhebung des UNO-Boykotts ein und nannte die Befreiungsbewegungen der Afrikaner »terroristisch«.

Wie *Der Spiegel* im Februar und März 1980 enthüllte und mit Spendenquittungen, Dankschreiben und Fotos belegte, unterstützte Strauß, der angebliche »Mann der Mitte«, zahlreiche antidemokratische, ultrarechte Gruppen in südeuropäischen Ländern. Der CSU-Chef, der von sich behauptet, er habe keinerlei Sympathien für Faschisten, förderte jahrelang ungeniert selbst militante neofaschistische Organisationen in Portugal, Spanien, Italien, Griechenland und der Türkei.

Als diese finanziellen Stützungsaktionen aufkamen, flüchtete sich der engste Strauß-Vertraute Dr. Friedrich

Zimmermann im *ZDF-Magazin* in allerlei Ausreden. Die »Beiträge, die geleistet worden sind«, erklärte Dr. Zimmermann treuherzig, hätten »der demokratischen Entwicklung« in Spanien und Portugal gedient. Zu der finanziellen Förderung der italienischen Neofaschisten und zu den übrigen Strauß-Kontakten in Südosteuropa, Afrika und Südamerika ließ Dr. Zimmermann vorsichtshalber nichts verlauten.

Doch wie es bereits mit der zugegebenen CSU-Finanzhilfe in Spanien und Portugal bestellt ist und wie wenig diese »der demokratischen Entwicklung« dieser beiden Staaten dient, geht hervor aus der Liste der Empfänger. Es waren dies u. a.:

- die erzreaktionäre Splittergruppe des ehemaligen Franco-Ministers Federico Silva Muñoz, die sich »Acción Democratica Española« nennt;
- der ehemalige Propaganda-Minister des Diktators Franco, Manuel Fraga Iribarne und dessen »Alianza Popular« sowie
- die ultrarechte »Union des spanischen Volkes« (UDPE) des Cruz Martinez Esteruelas.

Auf der Suche nach Bundesgenossen »zur Rettung des Abendlandes« waren Franz Josef Strauß und seine politischen Freunde schon früher nicht zimperlich. Mit den Stützen des spanischen Franco-Regimes und der portugisischen Salazar-Diktatur verbündete sich Strauß schon zu Zeiten, da von Demokratie auf der iberischen Halbinsel noch nicht im entferntesten die Rede sein konnte. Bereits damals waren einige der späteren Empfänger von CSU-Geldspenden enge Strauß-Vertraute.

Eine Schlüsselrolle spielte dabei das Anfang der fünfziger Jahre gegründete »Centro Europeo de Documentacion e Informacion« (CEDI), das von der Franco-Diktatur finanziert, aber auch aus dem bundesdeutschen Reptilienfonds des Adenauer-Staatssekretärs Hans Maria Globke unterstützt wurde. Als CEDI-Präsident, später »Ehrenpräsident auf Lebenszeit«, amtierte Dr. Otto Habsburg, dessen Einbürgerung in Bayern und Entsendung ins Europa-Parlament als Abgeordneter der CSU von Franz Josef Strauß durchgesetzt wurde. Früher hatte Dr. Habsburgs CEDI alljährlich im Escorial-Palast am Südhang der spanischen Sierra de Guadarrama getagt; damals nahm regelmäßig Dr. Richard Jaeger (CSU) an den Treffen mit den spanischen und portugiesischen Faschistenführern teil. 1963 forderte Franz Josef Strauß im Escorial als CEDI-Gast einen »europäischen Atomwaffenpool«; danach sprach der später von Strauß finanziell unterstützte Manuel Fraga Iribarne, damals Francos Minister für Information und Propaganda; er dankte vor allem der CSU für deren »moralische Rückenstärkung«. Damit spielte er an auf die Hilfe, die dem spanischen Faschismus bei der Abwehr weltweiter Proteste gegen die Hinrichtung Julian Grimaus von Seiten der CSU zuteilgeworden war, denn Dr. Richard (»Kopf-ab-«) Jaeger hatte die seiner Meinung nach unangemessene »Aufregung in der Presse über die Hinrichtung des Massenmörders Julian Grimau« wunschgemäß scharf verurteilt.

Außer Franz Josef Strauß und Dr. Richard Jaeger reisten auch Dr. Friedrich Zimmermann, Hanns Seidel und andere CSU-Prominente zu den CEDI-Treffs, deren Tradition heute fortlebt im vom ehemaligen Strauß-Referenten für auswärtige Beziehungen Dieter Huber aufgedeckten Geheimklub »Cercle Violet«. Ein-, zweimal jährlich trifft sich – so meldete *Der Spiegel* – »ein Kreis rechtsstehender Politiker mal in Madrid, mal in Wildbad Kreuth« (dem Sitz der CSU-nahen »Hanns-Seidel-Stiftung, als deren außenpolitischer Berater CEDI-Ehrenpräsident Dr. Otto Habsburg fungiert) oder in Bonn nach Art einer geheimen Bruderschaft. In diesem Zirkel trifft der Kanzlerkandidat seine rechtsextremen Freunde, wie den Spanier Federico Silva Muñoz, Minister unter Diktator Franco, oder den Ultra Kaulza de Arriaga, als Oberbefehlshaber in der portugiesischen Armee einst für ein blutiges Massaker unter Zivilisten verantwortlich«. Auch der portugiesische Putsch-General António de Spinola war mitunter dabei.

»Cercle Violet« heißt dieser Verein, der in der CSU-Zentrale streng »vertraulich« behandelt wird, nach dem Pariser Rechtsanwalt Jean Violet. Dieser hatte 1964, warm empfohlen von Franz Josef Strauß, in Bonn Wiedergutmachungsgelder in Millionenhöhe eintreiben wollen. Die Unterlagen für die Forderungen – es ging um angebliche Metall-Lieferungen während des Krieges – erwiesen sich indessen als gefälscht; der Schwindel flog auf. Strauß hatte zuvor dringend dazu geraten, »im Interesse der deutsch-französischen Beziehungen« die Forderung zu erfüllen. Die Freundschaft des CSU-Chefs Strauß zu dem Schwindler Violet überstand jedoch auch diese Panne, denn der Pariser Anwalt ist ein eifriger rechter Ultra und hat zudem beste Beziehungen zu französischen Geheimdienst-Funktionären mit starken Sympathien für Rechtsextremisten.

In Spanien arbeitet Strauß über die Hanns-Seidel-Stiftung, die sich auch in Namibia, in Chile und einigen anderen Ländern mit engen Beziehungen zu Rechtsextremisten nicht lumpen läßt, vor allem mit dem »Institut für soziale Studien« (IESO) zusammen, wo – so Dr. Habsburg – »die wesentlichsten nichtmarxistischen Parteien« vertreten sind, darunter auch solche ultrarechten Grup-

pen, mit denen die CDU/CSU keine direkten Beziehungen unterhalten können. Ziel der Seidel-Stiftung in Spanien sei es, so erklärte Dr. Habsburg weiter, »*alles* zu fördern, was zu einer Neugruppierung der konservativen Kräfte führt« ... In Italien knüpfte die – ebenfalls von Dr. Habsburg geleitete – »Paneuropa-Union« zarte Bande zu den italienischen Neofaschisten von der MSI-DN. Im April 1979 – Dr. Habsburg hatte einige Zeit vorher mit dem MSI-Führer Giorgio Almirante konferiert –, lud die »Paneuropa-Union zwei führende Neofaschisten, Bruno Zoratto und Giovanni de Marco, zu ihrem Bundeskongreß nach Wiesbaden ein. Beide vertraten die – im letzten Bericht des Bundesverfassungsschutzes den rechtsextremistischen Ausländerorganisationen zugeordnete – »Comitato Tricolore degli Italiani nel Mondo« (CTIM).
»So gut installiert sind die Beziehungen,« berichtete Uly Foerster im »Vorwärts«, »daß das CTIM in aller Offenheit mit dem von der CSU- und CDU-Leuten geführten »Christlichen Gewerkschaftsbund« (CGB) in der Bundesrepublik zusammenarbeitet. MSI-Zoratto, der sich mit dem von ihm verehrten Strauß ablichten ließ, lobte: ›Diese Kooperation ist vertrauensvoll und eigentlich reibungslos.‹«
Doch Strauß und seine Freunde arbeiten nicht nur mit putschlüsternen Militärs und neofaschistischen Organisationen, die auch vor Terroraktionen nicht zurückschrekken, »vertrauensvoll und eigentlich reibungslos« zusammen, wenn es darum geht, Portugal, Spanien und Italien »vor dem Bolschewismus zu retten«, sprich: die junge Demokratie durch eine neue Diktatur faschistischer Prägung zu ersetzten. Strauß ist dafür bekannt, daß er auch für bereits installierte Gewaltherrschaft schwärmt und sie

vor dem Weltprotest gegen ihre Untaten in Schutz zu nehmen sucht. »Ich weiß sehr genau,« erklärte Strauß am 18. November 1977, anläßlich seiner bereits erwähnten Chilereise vor der Presse, »daß die Informationen, die man im Ausland über die Situation in Chile liest, nicht der Wahrheit entsprechen.« Und zwei Tage später ließ er sich gar vernehmen: »Ich habe keine Zweifel, daß Chile ein demokratisches und freis Land ist...«
(Dazu bemerkte Bundeskanzler Helmut Schmidt am 26. November 1977 im ZDF: »Ich hab' es satt, daß er im Ausland immer die Diktatoren gesund beten möchte und unsere eigene demokratische und wirtschaftliche Ordnung durch Schwarzmalerei krank beten möchte. Der redet nicht bloß so, der ist auch so. Das ist eine gefährliche Sache.«)
Wie weit die Vorliebe des Franz Josef Strauß für den Faschismus geht, zeigte sich auch in seinen Beziehungen zu türkischen Ultras. Was die CDU-Führung mit Entrüstung abgelehnt hatte, nämlich einen direkten Kontakt mit dem Führer der für ihre Bluttaten berüchtigten »Grauen Wölfe«, scheute Strauß nicht. Er traf sich mit dem Chef dieser türkischen Faschistenorganisation, der eine Vielzahl von Morden zur Last gelegt werden, am 28. April 1978. An diesem Tag führte er mit Alparsan Türkesch, dem obersten »Grauen Wolf«, ein »freundschaftliches Gespräch«, während gleichzeitig die Verfassungsschutzbehörden in Bund und Ländern wegen der Anzeichen für wachsenden Einfluß der »Grauen Wölfe« in der Bundesrepublik Besorgnis äußerten und terroristische Gewaltakte dieser türkischen Rechtsextremisten erstmals hierzulande »in den Bereich der Möglichkeit« rücken sahen.
Doch nicht nur für ausländische Faschisten hat Franz Jo-

sef Strauß offenbar eine große Schwäche. Er kennt auch keine Skrupel, wenn es gilt, sich mit aufs schwerste belasteten alten Nazis zu verbünden.

»In seinem Amoklauf gegen die sozialliberale Koalition war Strauß jeder Mitläufer recht«, hat dazu *Stern*-Autor Peter Koch bemerkt. »Er sammelte die zerstreuten Anhänger der sich auflösenden NPD; er integrierte die rechtsaußen agitierende ›National-liberale Aktion‹ (NLA), später ›Deutsche Union‹, des einstigen HJ-Gebietsführers« – auch SS-Führers in der ›Leibstandarte SS Adolf Hitler‹ – »und späteren FDP-Abgeordneten Siegfried Zoglmann in die CSU; er gewährte den Anhängern des Witiko-Bundes, eines Zusammenschlusses von Altnazis aus dem Sudetenland, politisches Asyl in seiner Partei; er verbündete sich mit der laut Gerichtsurteil neofaschistischen ›Deutschland-Stiftung‹; er ließ Verbindung zur ›Deutschen Volksunion‹ aufnehmen, einer Gründung des neofaschistischen Verlegers Gerhard Frey (›Deutsche National-Zeitung‹); und schließlich pflegte er Kontakte zur ›Studiengesellschaft für staatspolitische Öffentlichkeitsarbeit‹, deren hessischer Geschäftsführer, der Weinhändler Grau, seinen Anhängern damit Mut zusprach, daß auch Hitler ›seine Partei einmal mit sieben Leuten angefangen hat, wir aber sind schon über viertausend‹.«

Strauß schämte sich solcher und noch weit schlimmerer Helfer nicht. Nachdem er am 5. Juli 1970 auf dem Nürnberger Parteitag der CSU diese Partei zur »Sammelbewegung zur Rettung des Vaterlands« erklärt und einen noch schärferen Rechtskurs eingeschlagen hatte, spannte er auch wieder einen Mann für sich ein, mit dem er kurz zuvor nach einigen Jahren der Unterbrechung den Kontakt erneuert hatte: Dr. Eberhard Taubert.

Wer ist Eberhard Taubert?

»Taubert, Eberhard, Dr. jur., Ministerialrat a. D., Leiter der Rechtsabteilung der PEGULAN AG, Frankenthal/Pfalz; 6710 Frankenthal/Pfalz, Am Kanal 3; geboren am 11. Mai 1907 in Kassel; Ausbildung: Studium der Rechtswissenschaft an den Universitäten Kiel, Berlin, Heidelberg (Promotion 1930).«

So lautet ein – vermutlich auf eigenen Angaben Dr. Tauberts beruhender – Eintrag in einem Nachschlagewerk aus dem Jahre 1974. Doch zu diesen etwas dürftigen Mitteilungen gibt es interessante Ergänzungen:

Bereits 1931, also schon zwei Jahre vor Beginn der Naziherrschaft, wurde der damals 24jährige Volljurist Dr. Eberhard Taubert Mitglied der NSDAP und leitete von Anfang 1932 an die Rechtsabteilung der Nazi-Gauleitung von Groß-Berlin. Er gehörte zu den engsten Mitarbeitern des damaligen Gauleiters Dr. Josef Goebbels, der zugleich Reichspropagandaleiter der NSDAP war. Nebenbei war Dr. Taubert auch SA-Sturmführer im Stab der SA-Gruppe Berlin-Brandenburg.

Im Jahre 1933, schon bald nach Beginn der Naziherrschaft, wurde der erst 26jährige Dr. Taubert Referatsleiter im neugeschaffenen ›Reichsministerium für Volksaufklärung und Propaganda‹ des Dr. Josef Goebbels und in dieser Agitations-Zentrale des ›Dritten Reiches‹ zunächst zuständig für ›Allgemeine Innenpolitik, gegnerische Weltanschauung, kirchliche Angelegenheiten, Bolschewismus im In- und Ausland‹.

In den folgenden Jahren zeichnete er verantwortlich für

die sogenannte ›Aktivpropaganda gegen die Juden‹, womit die gesamte staatlich organisierte Hetze gegen die Juden zur Vorbereitung ihrer schließlichen Vernichtung gemeint war, ferner für die ›Antikomintern‹, die antikommunistische Propagandazentrale.

In seiner Eigenschaft als oberster Hetzer gegen Kommunisten, Juden und mißliebige Intellektuelle aller politischen Schattierungen sowie gegen die – speziell katholische – Geistlichkeit brachte Dr. Taubert diese so unterschiedlichen Angriffsziele scheinbar mühelos unter einen Hut. So gab er 1937 Richtlinien für Presse, Film, Rundfunk und alle anderen Propagandastellen heraus, in denen es hieß: »Ebenso wie die (Moskauer Drahtzieher dieses Vernichtungsfeldzuges den Frieden bewußt und planmäßig bekämpfen, tut es heute die große Meute der kleinen Juden und Bolschewisten in aller Welt, der zersetzten und halbzersetzten, der bolschewisierten und halbbolschewisierten Intellektuellen, die als getarnter Vortrupp Moskaus arbeiten ...«

Im Jahre 1936 noch Regierungsrat, wurde Dr. Taubert in den folgenden Jahren mehrmals außer der Reihe befördert. So ernannte ihn der »Führer« bereits 1938 »unter Abweichung von den Reichsgrundsätzen« vorzeitig zum Oberregierungsrat, wenig später zum Ministerialrat. Daneben bekleidete Dr. Taubert von 1938 an auch noch das Amt eines ›ehrenamtlichen Richters‹ beim 1. Senat des berüchtigten ›Volksgerichtshofs‹ und war als solcher beteiligt an verschiedenen Todesurteilen gegen in- und ausländische Widerstandskämpfer.

Dazu Dr. Taubert später: »Ich bin von der Gründung des Propagandaministeriums an, für die propagandistische Bekämpfung des Kommunismus zuständig gewesen ... Es bestand die Gefahr, daß man mit diesem im dunkeln kämpfenden Gegner die Tuchfühlung verlor, seine Mentalität verkannte und mit psychologisch falschen Argumenten arbeitete. Das Propagandaministerium beorderte mich deshalb zum Beisitzer in Hoch- und Landesverratsprozessen gegen Kommunisten, damit ich dem Gegner Auge in Auge gegenüberstand und mit seiner Mentalität vertraut blieb.«

Von 1942 an hatte Ministerialrat Dr. Taubert im Goebbels-Ministerium die Leitung des neuen ›Generalreferats Ostraum‹. Ihm unterstanden etwa 450 Beamte des gehobenen und höheren Dienstes sowie sämtliche Propagandastellen in den besetzten Ostgebieten. Die Aufgabe seines Generalreferats war die propagandistische Vorbereitung des millionenfachen Massenmords, sowohl an Ort und Stelle sowie im Reich als auch im neutralen und feindlichen Ausland, wobei die Auslandspropaganda mit den zuständigen Stellen im Auswärtigen Amt abgestimmt werden mußte. AA-Verbindungsmann zum Propagandaministerium und somit offizieller Gesprächspartner Dr. Tauberts in Fragen der weltweiten Verleumdung derer, die man in dem von den Nazis kontrollierten ›Ostraum‹ zu Millionen ermordete, war damals Kurt Georg Kiesinger, der spätere Parteivorsitzende der CDU, Bundeskanzler von 1966–1969.

Nach dem Zusammenbruch der Naziherrschaft konnte Dr. Taubert – der in den Protokollen des Hauptkriegsverbrecherprozesses vor dem Internationalen Militärgerichtshof in Nürnberg, Band XVII, mehrfach als »Dr. Tauber« auftaucht – ins neutrale Ausland flüchten. Er lebte dann – so schrieb er am 12. Dezember 1971 an einen alten Freund, der sich nach Madrid abgesetzt hatte – »zunächst viele Jahre außerhalb Europas, in Südafrika und Persien«, wobei er den dortigen Machthabern als Berater

auf dem Gebiet der »Aktionspropaganda« diente. Schließlich fand er wieder Verbindung zu »nationalen Kreisen« und wurde – wie er seinem Freund weiter berichtete – reger Mitarbeiter »einer der wenigen nationalen Zeitungen in der Bundesrepublik«.
Außerdem fungierte Dr. Eberhard Taubert dann in Bonn als Vizepräsident eines »Volksbunds für Frieden und Freiheit«, bis er auf geharnischten Protest von jüdischer Seite hin offiziell ›kaltgestelt‹ werden mußte. Dr. Tauberts Beziehungen zu Strauß rissen indessen, wie noch dargestellt werden wird, keineswegs ab.
Als 1970 einige Politiker der Rechten damit begannen, teils durch Abwerbung von Abgeordneten, teils durch aus dem Hintergrund gesteuerte Kampagnen der ultrarechten Presse, den Sturz Willy Brandts vorzubereiten, schrieb Dr. Eberhard Taubert an Franz Josef Strauß:

> »Über die immense Bedeutung der Publizistik sind wir uns wohl alle einig. Es muß gelingen, das Monopol der Linken in den Massenmedien zu brechen. Damit komme ich auf ›Das Deutsche Wort‹.
> In unserem kurzen Gespräch in Frankenthal am 6. Juni (1970) bestand Übereinstimmung, das Blatt zu Ihrem Organ nördlich des Mains zu entwickeln. Ich habe Sie auch so verstanden, daß es besser sei, ›Das Deutsche Wort‹ nicht einfach zur Filiale des ›Bayernkuriers‹ zu machen (wie es der ursprünglichen Konzeption von Marcel Hepp* entsprochen hatte), sondern die Zusammenarbeit geheimzuhalten.
> Inzwischen ist nun ein halbes Jahr vergangen. Wir haben die Zeitung, die nach Verlust der Bundeszuschüsse eine allzu schmale finanzielle Basis hat, wider Erwarten immer wieder erscheinen lassen können. jetzt ergeben sich zwei Möglichkeiten:

* Marcel Hepp, inzwischen verstorben, war damals persönlicher Referent von Franz Josef Strauß.

Es ist möglich, daß ›Das Deutsche Wort‹ in Ihrem Konzept nicht mehr figuriert ...; dann würden wir das Blatt auf monatliches Erscheinen umstellen müssen. Wenn Ihre ursprüngliche Idee aber fortbesteht, müßten wir nun Schritte zur Realisierung unternehmen ...
In alter Verehrung und mit allen guten Wünschen!
Ihre sehr ergebenen ...«

Unterzeichnet hatte dieses Schreiben an den CSU-Vorsitzenden und Herausgeber des *Bayernkuriers*, Franz Josef Strauß, neben Dr. Eberhard Taubert auch der Herausgeber der (1973 eingestellten) rechtslastigen Zeitung *Das Deutsche Wort*, Hugo Wellems, ehedem Referent der Hitlerjugendführung, Abteilung Propaganda, während des Zweiten Weltkriegs Chef des Propagandaamts für Litauen in Kowno und damit dem ›Ostraum‹-Generalreferenten Dr. Taubert damals direkt unterstellt.
Daß die von etwa 1950 an wiederaufgenommenen Hetzaktivitäten der rechten Ultras, die nun gegen die SPD und speziell gegen Willy Brandt gerichtet waren, von Franz Josef Strauß und seinen Parteifreunden *aus öffentlichen Mitteln* bezahlt worden sind, sogar noch nach 1966, als die CDU/CSU gemeinsam mit der SPD eine Regierung der Großen Koalition unter Bundeskanzler Kurt Georg Kiesinger gebildet hatte und Willy Brandt deren Außenminister und Vizekanzler geworden war, geht eindeutig hervor aus einem Brief, den Dr. Richard Stücklen, Chef der CSU-Landesgruppe im Bundestag, an Hugo Wellems gerichtet hat. Am 18. Januar 1968 schrieb Dr. Stücklen an den Herausgeber des ultrarechten Hetzblatts:

»Im Einvernehmen mit dem Landesvorsitzenden der CSU, Bundesfinanzminister Franz Josef Strauß, und dem Parlamentarischen Staatssekretär im Bundeskanzleramt, Freiherr von und zu Guttenberg, habe ich heute den Leiter des Presse- und Informationsamtes der Bundesregierung gebeten, die

Zeitung *Das Deutsche Wort* aus dem Titel 300* zu fördern. Mit freundlichen Grüßen gez. Richard Stücklen.«

Tatsächlich wurde diese für die Herren Wellems und Dr. Taubert erbetene Finanzhilfe dann das ganze Jahr 1968 hindurch gewährt. Erst 1969 gelang es der SPD, weitere Zuwendungen aus öffentlichen Mitteln zu verhindern und dem rechten Kampfblatt die Bundeshilfe zu entziehen. Doch dafür flossen den Herren Wellems und Taubert sowie ihrer »Staats- und Wirtschaftspolitischen Gesellschaft e. V.«, Sitz Köln, um so reichlichere Geldspenden aus Industriekreisen zu.

Wie das im einzelnen vonstatten ging, ergibt sich aus einer Aktennotiz vom 14. Mai 1970, worin es heißt:

> »Herr Wellems erhielt von Herrn Dr. Taubert die Mitteilung, daß Herr Konsul Dr. Ries, Vorstandsvorsitzer der PEGULAN AG, Herrn Dr. Taubert zugesagt hat, uns in nächster Zeit einen größeren Geldbetrag zukommen zu lassen. Es gilt noch abzuklären, ob der Betrag über PR-Beträge oder Anzeigen eingebracht wird ...«

Dr. Eberhard Taubert, einst Chef der Juden- und Kommunistenhetze des Nazireichs, war inzwischen Leiter der »PEGULAN«-Rechtsabteilung und des Persönlichen Büros von Konzernchef Dr. Fritz Ries geworden.

In dessen Häusern, am Konzernsitz im rheinlandpfälzischen Frankenthal und auf Schloß Pichlarn in der Steiermark, konnte Dr. Taubert in den Jahren 1970/72 politisch bedeutsame Gespräche mit prominenten Unionspolitikern führen, vor allem mit Franz Josef Strauß. Schon damals zeigten sich Strauß und seine Freunde offenbar brennend interessiert an Dr. Tauberts Rezepten für eine

* Bei diesem Haushaltstitel handelt es sich um den geheimen, im einzelnen keiner Parlamentskontrolle unterliegenden sogenannten ›Reptilienfonds‹ des Bundeskanzleramts.

Mobilisierung kleinbürgerlicher Vorurteile und Ängste. Tauberts Methoden, die er im ›Dritten Reich‹ so wirksam gegen Juden angewandt hatte, schienen wohl seinen neuen Gönnern auch gegen liberale und sozialdemokratische Unionsgegner, erst recht gegen die linke außerparlamentarische Opposition, gut verwendbar zu sein.

Was Dr. Eberhard Tauberts Methoden der Judenhetze in der Zeit der Naziherrschaft betraf, so wirken sie bis in die Gegenwart nach und erhielten unlängst, im Februar 1980, überraschend neue Aktualität. Sein Glanzstück war der Film *Der ewige Jude* – Idee und Text: Dr. Eberhard Taubert – gewesen. Er wurde im November 1940 uraufgeführt und sollte die Deutschen, vor allem aber in wiederholten Sondervorführungen die zur KZ-Bewachung und zu »Sondereinsätzen« vorgesehenen SS-Mannschaften, auf die sogenannte »Endlösung der Judenfrage«, den millionenfachen Massenmord, psychologisch vorbereiten.

Eine wichtige Szene des Films zeigte Aufnahmen aus dem Warschauer Getto mit eng zusammengepferchten, halb verhungerten, nur noch in Lumpen gehüllten Juden. In Zwischenschnitten wurden – das war Dr. Tauberts Glanzidee! – Scharen von verängstigten Ratten gezeigt. Der Text dazu lautete:

> »Die Ratten begleiten als Schmarotzer den Menschen von seinen Anfängen an. Sie sind hinterlistig, feige und grausam. Sie stellen unter den Tieren das Element der heimtückischen, unterirdischen Zerstörung dar. Nicht anders als die Juden unter den Menschen ...«

Die gewünschte Schlußfolgerung war naheliegend: Ratten muß man ausrotten, Juden ebenfalls. Und wem das noch nicht einleuchtete, dem zeigte der Taubert-Film einen weiteren abscheulichen Vergleich mit entsprechendem Text: Schmeißfliegen und Juden. Indessen machte die Ratten-Szene mehr Eindruck, zumindest auf die Nazi-Prominenz, denn fortan wurde Dr. Eberhard Taubert in höchsten Kreisen des ›Dritten Reiches‹ als »Ratten-Taubert« bezeichnet – zum Unterschied von »Wewelsburg-Taubert«, dem Kommandanten der SS-Reichsführerschule bei Paderborn. Soviel Ruhm der »Dokumentarstreifen« dem dann außer der Reihe zum Ministerialrat beförderten Dr. Taubert im Nazi-Reich eintrug, soviel Ärger bereitete er ihm später. Gerade weil der »Ratten- und Schmeißfliegen-Hetzfilm« so einprägsam gewesen war, daß sich jeder, der ihn gesehen hatte, auch 1955 noch daran erinnerte, mußte Dr. Taubert den Präsidentensessel des von der Regierung Adenauer großzügig mit hohen Geldzuwendungen geförderten »Volksbunds für Frieden und Freiheit« räumen und sich aus Bonn zurückziehen.

Aber bereits drei Jahre später war er zurückgeholt worden, diesmal von Franz Josef Strauß, der inzwischen Bundesverteidigungsminister geworden war und in »Ratten-Taubert« den rechten Berater für psychologische Kriegsführung sah. Die Erwartungen, die Strauß in Dr. Taubert setzte, wurden offenbar nicht enttäuscht, denn die heimliche Förderung, die Strauß dem einstigen Nazi-Propagandisten angedeihen ließ, war beträchtlich und dauerte jahrelang.

Umgekehrt scheint aber auch der – wenn man ihn so nennen kann – geistige Einfluß »Ratten-Tauberts« auf Franz Josef Strauß beträchtlich gewesen zu sein; jedenfalls meint man ihn noch heute zu spüren. »Was wir hier in diesem Land brauchen, ist der mutige Bürger, der die roten Ratten dorthin jagt, wo sie hingehören ...!« ließ sich Strauß am 23. September 1974 in Springers »Welt« vernehmen. Und: »Jetzt kommen sie wieder, die roten Systemveränderer, wie die Ratten ...«, schrieb er am 24. Juni 1978 im *Bayernkurier*. Erstmals am 29. Juli 1978 verunglimpfte Franz Josef Strauß dann eine Reihe angesehener Schriftsteller als »Ratten und Schmeißfliegen«, mit denen man keine Prozesse führe. Im Februar 1980 bekräftigte CSU-Generalsekretär Edmund Stoiber vor den leitenden Redakteuren des Süddeutschen Rundfunks in Stuttgart dieses Verdikt, um es tags darauf insofern einzuschränken, als sich die Äußerung von Strauß – und damit auch die seine –, trotz der verwendeten Mehrzahl nur noch auf eine Person beziehen sollte: auf den Autor dieses Buchs (der seinerseits den Herrn bayerischen Ministerpräsidenten Dr. h. c. Franz Josef Strauß schon elf Monate zuvor, am 29. März 1979, brieflich davon unterrichtet hatte, daß eine sehr »staatliche Reihe von Schriftstellern von internationalem Rang« von ihm, Strauß, als »Ratten und Schmeißfliegen« verunglimpft worden wäre. In dem Brief sind 27 Autoren namentlich genannt, darunter die Senioren Axel Eggebrecht, Walter Fabian und Herman Kesten, die alle drei zu den Opfern des Nazi-Terrors gehörten. Strauß würdigte diesen Brief keiner Antwort; er machte auch keinen Versuch, von seiner abscheulichen Äußerung abzurücken ...).

Bleibt noch nachzutragen, daß der Mann, der an »Ratten-Taubert« ebenfalls Gefallen fand und ihn zum Leiter seines Persönlichen Büros mache, der PEGULAN-Konzernchef Dr. Fritz Ries, auch seinerseits über sehr gute Beziehungen zu Franz Josef Strauß verfügte. Ries, der in der Nazizeit durch ›Arisierung‹ jüdischer Firmen, durch rücksichtslose Ausbeutung jüdischer und polnischer Sklavenarbeiter während des Krieges sowie durch Errichtung eines Zweigbetriebs im Vernichtungslager Auschwitz viele Millionen verdiente, hatte begreiflicherweise an Dr. Tauberts Vergangenheit nichts auszusetzen. Nach dem Zusammenbruch des Nazireiches war Dr. Ries in den Westen übersiedelt; sein Millionenvermögen hatte er trickreich dorthin transferieren können.*

Bis zu seinem Tode im Jahre 1978 blieb Dr. Fritz Ries ein Förderer ultrarechter und neonazistischer Gruppen, ein Gönner des – dann mit seinem roten Porsche tödlich verunglückten – Dr. Eberhard Taubert und ein Duzfreund und intimer Spezi des Franz Josef Strauß. Dessen Ehefrau, Marianne Strauß geborene Zwicknagl, konnte sogar in die am 23. Februar 1971 begonnene Ries-Gesellschaft »Dyna-Plastik« in Bergisch Gladbach eintreten, laut Handelsregisterauszug zunächst mit einer Kommandit-Einlage von 304500 DM. Das entsprach damals einer Beteiligung von etwa 14 Prozent. 1973 wurde das Kapital der »Dyna Plastik« erhöht, wobei die Kommanditisten unterschiedlich mitgezogen haben. Am stärksten stieg der Anteil von Frau Strauß, nämlich auf 406000 DM, was einer Beteiligung von etwa 16 Prozent entsprach. Laut Auskunft der seinerzeitigen »Dyna-Plastik«-Geschäftsführung hat Frau Marianne Strauß ihren Anteil aber nicht einbezahlt; er wurde ihr quasi als Geschenk zuteil, denn er sollte sich »aus den Gewinnen auffüllen«. (Zu dieser Zeit gab es übrigens noch eine weitere »Dyna-Plastik«-Kommanditistin, die Ries-Tochter Ingrid geschiedene Kuhbier, inzwischen verehelicht mit dem Unionspolitiker Professor Kurt Biedenkopf.) Wenn man an die düsteren Ursprünge des Ries-Vermögens denkt, die zu nicht

* Ausführlich wird die Geschichte des Aufstiegs von Dr. Fritz Ries geschildert in: Bernt Engelmann, *Großes Bundesverdienstkreuz* rororo-Taschenbuch Nr. 1924.

geringem Teil in Auschwitz liegen und mit Blut, Schweiß und Tränen unschuldiger Männer, Frauen und Kinder unauslöschlich verbunden sind, begreift man den von Karl Gerold, dem inzwischen verstorbenen Herausgeber der *Frankfurter Rundschau*, verbürgten, von ihm als »ungeheuerlich« bezeichneten Strauß-Ausspruch: »Ein Volk, das diese wirtschaftlichen Leistungen vollbracht hat, hat ein Recht darauf, von Auschwitz nichts mehr hören zu wollen!«

Heute mag Strauß von diesem bösen Wort nichts mehr hören; er behauptet, es niemals so gesagt zu haben. Hat er vielleicht anstatt von »wirtschaftlichen«, in Wahrheit von »unternehmerischen« Leistungen gesprochen, die berechtigen sollen, den Massenmord von Auschwitz zu vergessen?

Auf jeden Fall wollen wir gern zur Kenntnis nehmen, daß es zumindest eine Ungeheuerlichkeit gibt, von der er nun abgerückt ist und die ihm auch nicht mehr angelastet werden soll, obwohl wir ja zur Genüge erfahren haben, wie es um seine Wahrheitsliebe bestellt ist.

Ein Zitat indessen darf er nicht widerrufen, denn es ist die letzte Gemeinsamkeit, die uns mit ihm verbindet. Es stammt aus dem Jahre 1971 und lautet:

»Ich hoffe, es geht dem deutschen Volk nie so schlecht, daß es glaubt, mich zum Bundeskanzler wählen zu müssen.«

»Wir können gar nicht genug Konfrontierung schaffen«

Rede von F. J. Strauß auf der Tagung der CSU-Landesgruppe in Sonthofen am 18./19. November 1974

Vielleicht darf ich mit einem kurzen Bericht über das gestrige Gespräch beginnen, das unter Vorsitz von Kollegen Carstens stattgefunden hat, ein Gespräch über die wirtschafts- und finanzpolitische Situation, die Konjunkturpolitik usw. Dieses Gespräch ist unterteilt worden in zwei Komponenten: das eine ist, was ist das taktisch richtige Verhalten und das andere ist, was ist von der Sache her gesehen notwendig. Das letzte unterteilt sich allerdings dann wieder, um nicht zu sagen »zerfällt in« wie das Gewehr K98. Es lagen vor an Papieren ein Papier des Planungsstabes, ein Kurzpapier von Müller-Hermann, ein Papier von Biedenkopf mit einem ordnungspolitischen Programm mittelfristiger Art, und dann noch zwei Papiere von Prof. Dr. Vogel – ich möchte ohne den eigenen Laden zu beunruhigen sagen, daß diejenigen, die am wenigsten zersprungen waren, die am wenigsten sich in ordnungspolitische Grundsatzbegriffe geflüchtet haben, mit denen man ja alles vertreten kann, die beiden Papiere von Professor Vogel gewesen sind. Die anderen haben die Argumente so vertreten, wie sich manche die Füße vertreten.

Zur taktischen Situation gleich das Wesentlichste. Es ist gestern auch auf mein Betreiben hin keine Verlautbarung erfolgt. Der gleiche Kreis trifft sich Anfang Januar noch einmal, dann wird man versuchen, für das neue Jahr zu einer kurzen Verlautbarung zu kommen. Ich habe das u. a. damit begründet, daß es jetzt keinen Sinn hat, von uns aus irgendein konjunkturpolitisches Rezept zu erarbeiten und zu empfehlen. Erstens ist der Patient in einem Zustand, wo er unter zwei großen Beschwerden leidet, nämlich Zerrüttung der Staatsfinanzen und Inflation mit steigender Arbeitslosigkeit, d. h. es gibt kein Rezept, das der Bekämpfung beider Krankheiten dient. Man kann immer nur einer Krankheit zu Leibe rücken, und jedes Rezept, das der einen Krankheit zu Leibe rückt, vermehrt das Übel auf der anderen Seite, so daß man also hier auch eines Tages zu einem dosierten Einsatz von Mitteln über längere Zeit hinweg kommen muß. Mein zweites Argument gestern war, noch ist das Bewußtsein der Öffentlichkeit nicht auf die wirkliche große Krise so vorbereitet, daß es aus politischen Gründen richtig wäre, mit eigenen Rezepten zu kommen und dabei dann natürlich über Allgemeinplätze hinweg auch zu konkreten Empfehlungen zu kommen. Ich persönlich habe die Auffassung gestern vertreten, der sich dann die Mehrheit angeschlossen hat, daß wir erst am Anfang der großen Krise stehen; ich denke, daß die Zerrüttung der Staatsfinanzen unaufhaltsam weitergeht mit unübersehbaren Folgen und daß auch nicht allein unter Einfluß der weltwirtschaftlichen Krisenverhältnisse, die natürlich zurückschlagen auch auf uns, aber auch aufgrund der fünf Jahre begangenen Fehler und Versäumnisse, Mißachtung auch unserer Vorschläge und Warnungen, die Zerrüttung der einheimischen Wirtschaft ebenfalls schrittweise weitergeht, wenn auch regional und sektoral und dimensional unterschiedlich, wobei am stärksten die kleinen und mittleren Bereiche betroffen sind, weniger stark die großen Bereiche, obwohl es da natürlich auch einige gibt, die Not leiden werden. Also auch in diesen Größenordnungen ist man vor Überraschungen nicht sicher, wobei es hier allerdings auch Fehler des Managements sind – aber hier möchte ich mich jetzt nicht in Einzelheiten verlieren. Aber der Grundgedanke, den ich hier vertreten habe, war der: Erstens kann man jetzt überhaupt kein Rezept empfehlen, ohne sich in große politische Schwierigkeiten zu begeben, und zweitens ist das Bewußtsein der Öffentlichkeit noch nicht so weit bzw. ist die Öffentlichkeit noch nicht so stark schockiert, daß sie bereit wäre, die Rezepte, die wir zur langsamen Heilung der Krise für notwendig halten, in Kauf zu nehmen. Auch Helmut Schmidt schiebt sie das ganze Jahr vor sich her. Wir würden Gefahr laufen, wenn wir vorschlagen, es muß jetzt konkret geschehen a, b, c, d usw., daß die es nicht tun. Lieber eine weitere Inflationierung, weitere Steigerung der Arbeitslosigkeit, weitere Zerrüttung der Staatsfinanzen in Kauf nehmen, als das anzuwenden, was wir als Rezept für notwendig halten mit der Maßgabe, daß sie sagten: »Seht, solange wir das sind, ist unser Leiden ja gar nicht so schlimm. Wenn die aber kommen, die muten Euch eine Roßkur zu. Soweit sind wir noch nicht.« Es muß wesentlich tiefer sinken, bis wir Aussicht haben, politisch mit unseren Vorstellungen, Warnungen, Vorschlägen gehört zu werden. Es muß also eine Art Offenbarungseid und ein Schock im öffentlichen Bewußtsein erfolgen. Wir können uns gar nicht wünschen, daß dies jetzt aufgefangen wird, sonst ist es ja nur eine Pause, und nach der Pause geht es ja doch in der falschen Richtung dann wieder weiter. Die Auflösung der jetzigen Bundesregierung ist das vorrangige Ziel, und hier besteht durchaus die Möglichkeit, daß noch vor dem Jahr 1976 es zu einer Änderung kommt. Ich sage nur, daß die Möglichkeit besteht. Der entscheidende Tag wird die Landtagswahl in Nordrhein-Westfalen sein. Es besteht ein gerütteltes Maß an Aussicht, daß wir die rheinland-pfälzischen und die schleswig-holsteinischen Wahlen gewinnen. Aber all das ist nicht entscheidend. Es sei denn, Kohl oder Stoltenberg, je nachdem welche Prozente sie kriegen, setzten sich in neue Rivalität zueinander. Aber die Landtagswahlen in Nordrhein-Westfalen sind das Entscheidende. Denn sie sind ja schon eine Art Barometerwahl oder auch eine Testwahl für die künftige Bundestagswahl. Ich möchte mich mit dem dämlichen Geschwätz von Leisler-Kiep, dem ich also gestern 'mal meine Meinung gesagt habe, nicht näher befassen. Es gibt ja wirklich in der CDU die Krankheit, die kenne ich schon seit acht Jahren, die äußert sich also immer wieder in selbstmörderischen Äußerungen nur aus Gründen interner Feindseligkeit und interner Rivalität oder neidhammelhafter Haltung. Es geht also gar nicht darum, wem kann man einen Wahlerfolg zuschreiben. Da wird niemand sagen, der Wahlerfolg ist trotz der Bayerischen Staatsregierung erkämpft worden. Im Gegenteil: Bei meinen sämtlichen Reden und bei sämtlichen Analysen wurde hernach gesagt, der einwandfreie Hintergrund der bayerischen Landespolitik hat ja die Voraussetzung geliefert, daß wir überhaupt dann mit unseren Argumenten zum Zug gekommen sind. Aber aus der Landespolitik kommt – mit Ausnahme, bitte nicht falsch zu verstehen, das ist gar keine falsche Zuteilung von positiven und negativen Überlegungen –, aus der Landespolitik kommt nur eine Emotionalisierung der Wähler, die betrifft die Schulpolitik. Alles was damit zusammenhängt, Schulpolitik, Berufsschulpolitik oder Berufsausbildung, Universitätspolitik usw., dann noch Fragen der inneren Sicherheit, soweit sie Landesfragen sind. Aber die vielen nüchternen harten Fragen der Landespolitik, also der Strukturpolitik, der Regionalpolitik usw., wo man viel Sachkunde braucht, viel Detailkunde braucht, unendliches Maß an Fleiß aufwenden muß und trotzdem keine rauschenden Feste damit feiern kann, all das macht nicht die Wahlergebnisse für morgen aus, sondern die Emotionalisierung der Bevölkerung, und zwar die Furcht, die Angst und das düstere Zukunftsbild sowohl innenpolitischer wie außenpolitischer Art. Es ist geradezu Wahnsinn, wenn Leisler-Kiep sagt: Die bundespolitischen Themen usw., die Franz Josef Strauß vertreten hat, die haben bei dem Wahlerfolg keine Rolle gespielt, sondern es war die Person Goppel und es war die bayerische Landespolitik, irgendwie auf Hessen bezogen. Es ist einfach Wahnsinn! Denn mit der bayerischen Landespolitik oder der hessischen Landespolitik können wir im Jahr 1976 nicht die Wende herbeiführen. Da geht es uns darum, daß wir alle Landtagswahlen gewinnen und in der Bundestagswahl dann auf einmal wieder abends erschüttert vor dem Ergebnis stehen, das eine Fortsetzung der sozialistisch-pseudo-liberalen Koalition für weitere 4 Jahre ermöglicht. Wir müssen die Auseinandersetzung hier im Grundsätzlichen führen. Da können wir nicht genug an allgemeiner Konfrontierung schaffen. Ich kenne ja diese Stichworte: Wir kämpfen für die Freiheit, gegen den Sozialismus, für die Person und das Individuum, gegen das Kollektiv, für ein geeinigtes Westeuropa, gegen eine sowjetische Hegemonie über ganz Europa. Da muß man die anderen immer identifizieren damit, daß sie den Sozialismus und die Unfreiheit repräsentieren, daß sie das Kollektiv und die Funktionärsherrschaft repräsentieren und daß ihre Politik auf die Hegemonie der Sowjetunion über Westeuropa hinausläuft. Daß es bei den anderen eine ganze Menge von Leuten gibt, die das nicht wollen, soll uns nicht daran hindern, unter einem Übermaß an Objektivität zu leiden und das hier zu sagen. Aber allmählich haben sie es begriffen. So wie man jetzt sagt, daß nach der Radikalendebatte im Bundestag, nach diesen scheußlichen Vorgängen in Berlin jetzt ein Mann bei der SPD/FDP sagt: ... (Auslassung der Stenographen; d. Red.). Das stimmt gar nicht, bei denen dämmert es gar nicht. Nur wenn sie merken, daß sie Wähler verlieren, dann tun sie vorübergehend so als ob, und wenn der Wähler wieder beruhigt ist, dann auf der alten Bahn wieder weiterzufahren, dann möchte ich wissen, wie viele Sympathisanten der Baader-Meinhof-Verbrecher in der SPD- und FDP-Fraktion in Bonn drinsitzen. Es ist ein ganzer Haufen.

Hier komme ich zu den drei überragenden Themen. Das eine Thema, das heute vielleicht an der Spitze steht und in den nächsten Tagen noch mehr an der Spitze stehen wird, das ist die Innere Sicherheit. Ich sage das trotz meiner sonstigen Priorität für wirtschaftliche Dinge. Eine vertrauliche Mitteilung: Beim ZDF ist also ein Brief eingelaufen, der angeblich von dieser Roten-Armee-Fraktion, Fallgruppe sowieso, ist. Sie verlangen je eine Stunde Sendung beim ZDF für Ulrike Meinhof, für Andreas Baader und für die Ensslin, ansonsten bis Ablauf des Ultimatums 22. November zwei führende Politiker erschossen werden. Es kann also sein, daß es Spinner sind, sog. Infektionstäter, die also infiziert sind, es kann sein, daß es eine Erpressung der wirklichen Verbrecher ist, aber trotzdem ohne die ernsthafte Absicht, es zu tun, es kann aber auch etwas Ernstes dahinterstecken. Wer also in Zukunft sagt, diese SPD und FDP sind nicht mehr fähig, unseren Staat und unsere Gesellschaft vor Verbrechern zu schützen, trifft den Kern. Es geht quer durch alle Bereiche, die Verherrlichung der Verbrechen schon in der Schulpolitik angefangen, wo sie dann politisch verbrämt werden, dann geht's in die Medienpolitik hinein – was neulich schon passiert ist, war schon unerhört – die Sendung über Holger Meins. Im Zusammenhang damit dann z. B. haben sie diesen Verbrecheranwälten – anders kann man das ja nicht nennen –, das sind ja doch die, die die Gefangenen steuern und nicht betreuen, das sind doch die, die sie mit Preludin versorgen, damit sie ihre Hungerstreiks durchführen können und dann Hunger plus Preludin plus Alkohol plus Hunger ergibt den sicheren Tod. Das kommt ja bei U-Haftgefangenen vor.

Das sind die Anwälte hier, die das schon steuern, mit vielleicht schon willenlos gewordenen Gefangenen. Das sind reine Verbrecher, diese Anwälte. Die tanzen doch dem Rechtsstaat auf der Nase herum. Da wird eine Pressekonferenz dieser Anwälte im Fernsehen gezeigt, und da darf einer sagen »dieser Mörderstaat« im Zusammenhang mit Holger Meins. Am Grab dürfen sie Rache schwören. In Berlin dürfen 5000 Demonstranten im Kampf gegen 1000 Polizisten ... Die Polizei kann die Personenschäden nicht mehr verhindern, Sachschäden überhaupt nicht mehr verhindern. Hier sammelt sich ein solcher Zorn in unserem Volke an. Und jetzt hier in demokratischer Gemeinsamkeit zu sagen, wir Demokraten in SPD/FDP und CDU/CSU, wir halten also jetzt nun zusammen in dieser Situation, hier müssen wir den Rechtsstaat retten – das ist alles blödes Zeug! Wir müssen sagen, die SPD und FDP überlassen diesen Staat kriminellen und politischen Gangstern. Und zwischen kriminellen und politischen

Gangstern ist nicht der geringste Unterschied, sie sind alle miteinander Verbrecher. Und wenn wir hinkommen und räumen so auf, daß bis zum Rest dieses Jahrhunderts von diesen Banditen keiner es mehr wagt, in Deutschland das Maul aufzumachen. Selbst wenn wir es nicht ganz halten können. Aber den Eindruck müssen wir verkörpern.

Der zweite Komplex, der die Öffentlichkeit natürlich stark in Anspruch nimmt, ist nicht einmal so sehr die Inflation als die Angst vor der Arbeitslosigkeit, vor einer allgemeinen Wirtschaftskrise, dann, wenn man dahinter die Inflation sieht – natürlich die beiden sind ja irgendwie kausal miteinander verbunden –, und dann spielt wahrscheinlich auch eine wachsende Rolle, die dem einzelnen noch nicht genug ins Bewußtsein gedrungen ist, die unaufhaltsame Zerrüttung der Staatsfinanzen. Die Zahl 60 Milliarden stimmt schon nicht mehr. Gestern sprach man in Bonn schon von 70 Milliarden im Zusammenhang mit der Sanierung der Rentenversicherungsträger, mit der Sanierung der öffentlich-rechtlichen Krankenkassen, mit der Sanierung der Nürnberger Bundesanstalt, die ja natürlich ihre Mittel dafür ausgegeben hat, daß eine Lehrerin Computerrechnerin werden kann, um dann später wieder Mittelschullehrer zu werden, um vielleicht auf Fußballtorwart umsteigen zu können. Das ist natürlich jetzt übertrieben dargestellt. Wir haben also hier – auch wir selber – die Dinge überzogen. Wir müssen jetzt demgegenüber als die Partei der Solidarität, der Seriosität und der Wirklichkeitsnähe dastehen. Das kommt viel mehr an, als wenn wir jetzt nur sagen: Vermögensbildung und da diese Reform und dort jene Reform usw. Da sitzen wir im falschen Dampfer, der Dampfer ist weg. Wir haben uns ja weitgehend also wieder aus dem Dampfer herausbegeben, aber wie ich gestern festgestellt habe, noch nicht ganz.

Zur Taktik jetzt: Nur anklagen und warnen, aber keine konkreten Rezepte etwa nennen. Da bleibt uns auch der Blödsinn erspart, wie wir ihn mit den 3 Milliarden erlebt haben. Der Kohl hat recht. 3 Milliarden sind zu wenig. Der Stoltenberg hat auch recht, 3 Milliarden sind zu viel. Nicht einmal, ob wir es an einem Punkt ansetzen, sondern es ist überhaupt jetzt alles falsch, was man tut. Wir haben eine Situation herbeigeführt, wo jedes Rezept, je nachdem, auf welche Wirkung hin man es untersucht, einfach falsch ist. Da haben doch wir uns gar nicht hineinbegeben. Aber ich komme noch einmal darauf zurück, was ich Herrn Barzel schon gesagt habe und Herrn Carstens gesagt habe, das wagt ja keiner zu lösen. Ohne eine aus hauptamtlich Bediensteten unserer Fraktion bestehende – und zwar nicht neue, die sind ja alle da – Clearingstelle ist dieses Problem widersprüchlicher Meinungen und widersprüchlicher Aussagen nicht zu lösen. Und das scheitert bisher an der mangelnden Entscheidungsfähigkeit

1. der Fraktionsführung, des Vorsitzenden,
2. an der Rivalität der angeblich führenden oder prominenten Wirtschafts- und Finanzpolitiker, wo jeder auf seine Souveränität und Autonomie Wert legt, und
3. an dem Konkurrenzneid der hauptamtlich Bediensteten, vor allen Dingen auch des Herrn Frank, der also auf keinen Fall den Prof. Vogel irgendwie mitverantwortlich in seinem Planungsstab einbauen will.

In einer Versammlung bei einer Diskussion kann man natürlich nicht sagen, ich frage vorher in Bonn an. Aber bevor man eine Stellungnahme abgibt, sollte der Inhalt der Stellungnahme bei einem Büro, das von morgens bis abends besetzt ist – kein neues Büro, ich denke, hier bauen die Leute wie Vogel, Frank, Zavelberg und drumherum – einlaufen, damit der sagen kann: hallo, gestern abend hat Herr Kohl eine Stellungnahme abgegeben, da steht das Gegenteil von dem drin, was hier vorgeschlagen wird. Denn es ist ja auch unmöglich, jeweils einen Kreis so wie gestern zusammenzurufen, bevor man eine Stellungnahme abgibt. Das ist eine rein technische Angelegenheit. Ich setze die konjunkturpolitische Lage einmal als bekannt voraus. Habe über Zerrüttung der Staatsfinanzen ja eine neue Zahl genannt. Die 60 Milliarden-Grenze ist bereits überschritten, was den Kreditbedarf, den Neukreditbedarf der öffentlichen Hand anbetrifft für das Jahr 1975. Der Teufelskreislauf wird also immer enger. In der Situation haben wir natürlich gar keinen Grund, etwa uns nun an der Verantwortung zu beteiligen oder uns um irgendeine Koalition zu reißen, sei es um die große, sei es um die kleine. Natürlich, die große Koalition, ich habe es einmal gesagt, mit einem Teil der SPD, das ist natürlich ein Gruselvexierspiel. So etwas darf man nicht ernst nehmen. Das kann auch nicht ein jeder nachmachen, sondern das beherrschen nur ein paar, wenn ich das so sagen darf, der Kanzler z. B. Das dient aber dann der Erzeugung von Vexierreaktionen. Das Spiel muß man können, muß man beherrschen. Der Brandt hat ja prompt gesagt, nein, das dient nur den machtpolitischen Plänen von Franz Josef Strauß. Der Wehner hat gleich prompt positiv reagiert, aus drei Gründen

a) um dem Brandt eins auszuwischen, weil die zwei nicht mehr miteinander reden,

b) um das Thema »Große Koalition« für sich selbst zu besetzen und

c) in dem Wissen oder in der angstvollen Ahnung, wenn

die SPD scheitert, wegen Regierungsunfähigkeit im Jahr 1976 vom Wähler, trotz der miserablen inneren Struktur der Unionsparteien, davongejagt wird, könnte das für die SPD bedeuten, daß sie bis zum Jahr 2000 unter dem Experiment der 7 Jahre bei den Wählern in Verschiß geraten, nicht mehr an die Regierung kommen kann. Das sind also nach Meinung eines Experten, der der FDP-Fraktion angehört und der mit allen Beteiligten gesprochen hat, die Gründe, warum der Wehner sich denn dazu gemeldet hat. Täuschen wir uns nicht, das 2000 von Schmidt ist nicht ernst gemeint. Er würde schon ganz gerne, er würde gerne einen Teil Ballast bei sich abwerfen, und mit einem Teil bei uns ankommen. Es gibt auch einen maßgebenden Politiker oder besser ex-maßgebenden Politiker der CDU, der neulich Helmut Schmidt aufgesucht hat und ihm gesagt hat, ob man denn nicht wiederum oder sogar auf eine vierte Partei hinarbeiten sollte, und zwar in der Richtung etwa, daß die CDU dann etwa eine Art Zentrum wieder wird und das Zentrum dann als Dauerkoalitionspartner für die SPD sich empfehlen würde, dann wären wir die FDP und die CSU los. das war ja Rainer Barzel, der hier mit Helmut Schmidt gesprochen hat. Kohl hat nur sondiert, aber nicht in diesem plumpen Sinne mit ihm gesprochen. Es ist auch nicht damit zu rechnen, daß die FDP etwa jetzt vom Karren springt, weil sie das infolge ihrer inneren Verhältnisse nicht tun kann. Bei der FDP kann man sich auf eines verlassen, nämlich eine berechenbare Komponente, ihre Charakterlosigkeit. Wenn sie in der Dummheit noch treu wäre, wäre es für uns schlimmer als so, wo sie in der Dummheit unzuverlässig ist. Denn, wenn es ihr an den Kragen geht, kann man sich darauf verlassen, daß sie noch mit zum Schwur erhobener Hand der SPD Treue gelobt und mit

uns den Koalitionsvertrag zu unterschreiben bereit wäre. Die Charakterlosigkeit der FDP verbunden mit ihrem Selbsterhaltungstrieb ist eine der zuverlässig berechenbaren Komponenten. Aber wir haben jetzt überhaupt keinen Grund für das nächste halbe Jahr ungefähr, aus der Deckung herauszugehen. Nur zu beobachten, zu schimpfen, zu mahnen, zu warnen, genügt nicht überall. Wir müssen schon konkret werden, aber in der politischen Großwetterlage, in der wirtschaftlichen Großwetterlage, dürfen wir jetzt nicht aus der Deckung herausgehen. Wer herausgeht, wird angeschossen oder erschossen. Er kann überhaupt nichts Gescheites vorschlagen.
Was im einzelnen gestern genannt worden ist, ist
a) auf keinen Fall sollten wir – da wir auch in der Fraktion darauf eingeschworen werden, da noch negative Beispiele von früher vorliegen – der Regierung irgendwelche Hilfe bei Steuererhöhungen zusagen. Also eine politische Mitverantwortung bei Steuererhöhungen zusagen, das auf keinen Fall. Ich sage das deshalb, weil ja auch Kohl, aber auch andere im Laufe der letzten Wochen mehrmals ihre Bereitschaft erklärt haben, mit der Bundesregierung konstruktiv zur Überwindung der Krise zusammenzuarbeiten. All dieses Gerede hat keinen Sinn. Da gab es auch beim Bundespresseball einige interessante Szenen: im Hintergrund der Bar sitzend, Kohl mit Scheel in einem lauschigen Gespräch, anschließend Kohl mit Genscher, anschließend Helmut Schmidt auf dem Gang mit Kohl, so diese Gardinendiplomatie – die Hintergardinendiplomatie. Ich habe also den Eindruck der irdischen Geschäftigkeit mit taktisch großgesteckten Zielen. Das hat jetzt alles gar keinen Sinn. Wir müssen hier sehr distanzieren, sehr kühl uns denen gegenüber verhalten, nicht mit diesem Spiel einer etwas doch zu plumpen Anbiederung. Al-

so keine Steuererhöhung. Wir dürfen uns auf keinen Fall aus falschem sachpolitischem Verantwortungsbewußtsein, als die ewige Ersatzregierung, die wir darstellen, einspannen lassen. Dann wurde auch vorgeschlagen, wir sollten eine differenzierte Tarifpolitik verlangen. Ich sagte, wir sollten überhaupt nichts verlangen, auf dem Gebiet der Tarifpolitik, außer konjunkturgerechte Tarifabschlüsse. Wir haben jetzt a) weder Grund, die Forderungen der Gewerkschaften anzuheizen, um damit die Schwierigkeiten der Regierung zu erhöhen. Wir machen uns bloß alle unglaubwürdig. Wir haben aber auch b) keinen Grund, uns mit den Gewerkschaften anzulegen, denn die Situation, die ja die Gewerkschaften mit den Lohnforderungen veranlaßt, sind ja von unseren Nachfolgern nach 1969 herbeigeführt worden.

Es ist verlangt worden: Abbau der Hochzinspolitik. Das ist natürlich nur möglich, wenn gleichzeitig die öffentlichen Haushalte einer ganz radikalen Abmagerungskur unterworfen werden. Außerdem können wir mit unserem Zinsniveau uns nicht vom internationalen Zinsniveau völlig abhängen. Das ist in Italien, Frankreich, England sehr hoch, USA baut etwas ab, in Österreich ist es bedeutend niedriger, aber Österreich hat ja für uns in dem Zusammenhang keine Bedeutung. Grundsätzlich ist die Forderung auf Abbau der Hochzinspolitik richtig. Aber wir können sie jetzt auch noch nicht von uns aus etwa auf unsere Fahne schreiben. Das nicht etwa, weil die Voraussetzungen dafür fehlen. Dann natürlich die Forderungen der Umstrukturierung der öffentlichen Haushalte, d. h. mehr öffentliche Investitionen und ein Anwachsen der Investitionsrate und ein Rückgang der Konsumrate im Anteil der öffentlichen Haushalte. Furchtbar leicht gesagt, unendlich schwer durchzuführen. Wir müssen sie soweit treiben, daß sie ein Haushaltssicherungsgesetz vorlegen müssen oder den Staatsbankrott erklären müssen oder drastische Steuererhöhungen mit abermals einschneidenden negativen Folgen für die Wirtschaft. Vorher haben wir gar keinen Grund, mehr öffentliche Investitionen und Anreiz für private Investitionen zu verlangen. Ich habe gesagt, ich stimme diesen Grundsätzen zu, bloß soll man sie jetzt nicht verkünden. Wir haben durch Zuwarten gar nichts verloren. Das blöde Gerede, ihr habt ja keine Alternativen, mit denen dann wir uns immer hineintreiben lassen, also in eine Mitverantwortung, interessiert ja doch die 95 % der Wähler nicht. Ich will überhaupt nicht im Kleinen sagen, was wir uns vorstellen mit der Krankenhausfinanzierung, mit der Berufsausbildung, mit der Sanierung der öffentlich-rechtlichen Krankenkassen usw. Wir müssen sagen: »Ihr seid doch an der Regierung. Ihr habt doch in diesem Staat seit 5 Jahren diese Wirtschaft ruiniert.« Außerdem, wenn ich jetzt die Grundsätze genannt habe, dann kommt mir sofort die Frage, wie wollt ihr denn das verwirklichen. Wie soll man private Investitionsanreize geben?

Konkret, man sollte vom 26a Stabilitäts- und Wachstumsgesetz Gebrauch machen, also eine Investitionsprämie aussetzen. 5 % bis 7½ %. Nun, dies ist genauso wie auch bei der Abschreibung, wer allerdings verdient, kann dann nicht mehr abschreiben. Aber wer die restlichen 95 oder 92,5 % nicht zusammenbringt, der macht dann von den 5 oder 7,5 % keinen Gebrauch. Was passierte gestern? Angelockt von Pieroth haben auch andere, darunter auch der Narjes diesen Punkt als besonders wichtig gefunden, nämlich die Investitionsprämie, also wenn einer 100000 DM investiert und kriegt dann 7500 DM Investitionsprämie, diese Investitionsprämie als Arbeitneh-

mereigentum im Betrieb einzubringen. Ich kenne ja nicht die Urheber. Ich habe dem Carstens ins Gesicht gesagt: »Ja, sind denn die wahnsinnig geworden.« Ja sagt er, »ich habe selber so ein beklemmendes Gefühl dabei gehabt«. Denn, wenn einer schon 92 500 DM investiert, meist geht es ja um größere Beträge, er braucht eine Investitionssumme von 1 Million. Dann würde er kriegen 75 000 DM. Und die 75 000 DM muß er dann als Beteiligung – die zahlt zwar der Staat – aber die kriegt nicht er, sondern die kommt dann als Beteiligungskapital in sein Unternehmen hinein. Dann müßte ich doch blöde sein, dann überhaupt noch zu investieren. Wir müssen doch jetzt endlich mal Schluß machen, das Risiko zu privatisieren, die Gewinne zu sozialisieren und die Entscheidungen zu kollektivieren. Das sind die drei Schlagworte. Damit ist diese allmählich immer kränker gewordene Wirtschaft nicht mehr zu retten. Damit komme ich zu einem Punkt, d. h. Anreiz zu privater Investition.
Wir haben gestern über lauter materielle Dinge gesprochen. Wir haben gesprochen über Haushalte, über Hochzinspolitik, über Tarifpolitik, keine Steuererhöhungen, usw. Aber all das sind nur materielle Faktoren. Ich habe gesagt, wir müssen bei unserer Auseinandersetzung aber auch in der Analyse der Lage die psychologischen Faktoren vor die materiellen Faktoren setzen. Die materiellen Faktoren waren ja 1966 auf 1967 auch einmal nicht gerade angenehm, aber bei weitem nicht so bedrückend wie heute. Aber die psychologische Situation, die Vertrauenssituation, war damals am Anfang der Großen Koalition mit einem relativ vernünftigen, wenn auch sehr schwierigen Schiller ja ganz anders. Heute ist das Vertrauen weg. Der Selbständige sagt, es hat ja doch keinen Sinn mehr! Dies zeigen die Betriebsaufgaben, die jetzt immer zuneh-

menden Verkäufe an die Ausländer, die schwindende Risikobereitschaft, und das betrifft einfach die ständig wachsende Quote der öffentlichen Handelslast, sowohl bei der Steuerlastquote, die ja die 24% überschritten hat, bei 24,5 ist, wie auch die Soziallastquote. Hier müssen wir auch in unseren eigenen Reihen einmal aufhören, in den Kategorien zu denken, das zahlt ja der Arbeitgeber. Dies ist häufig alles, was ihnen einfällt auf diesem Gebiet. An Ausschmückungen des eigenen Hauses heißt es, ja das kostet ja nichts, das zahlt ja der Arbeitgeber. Wenn man einmal sieht, daß heute noch in Italien, Frankreich, England, Holland und Belgien die Erträge je Umsatz wesentlich höher sind als bei uns. Von USA und Kanada in diesem Zusammenhang erst gar nicht zu reden. Wenn man sieht, wie die Erträge bei uns im Laufe der Jahre trotz steigender Umsätze geschrumpft sind. Ich habe eine Zahl schon einmal in diesem Kreise genannt. In zehn Jahren ist der Ertrag der Lohnsteuer gestiegen von der Marke 100 auf die Marke 460. In den gleichen zehn Jahren ist der Ertrag der Körperschaftssteuer gestiegen von der Marke 100 auf die Marke 130. Trotz Verdoppelung der Umsätze haben die Kapitalgesellschaften nur ein Plus von 30% Körperschaftssteuer. Dabei ist die Körperschaftssteuer ja eher mehr geworden dem Steuersatz nach. Und auch bei der veranlagten Einkommensteuer, je nachdem, welche zehn Jahre man rechnet, liegt der Zuwachs zwischen 60 und 80% und nicht bei 350% wie bei der Lohnsteuer. Das sage ich auch im Hinblick, z. B. wenn man auf die Idee kommen sollte, den Unternehmen das Erziehungsgeld aufzulasten, für das sowieso jede finanzielle Verwirklichungsmöglichkeit auf unabsehbare Zeit überhaupt fehlt. Wenn man anfangen würde, eine Berufsausbildungsabgabe, ein Ausbildungssteuergesetz etwa zu erlassen – dies ist alles recht und schön –, wären wir immer in der undankbaren Lage, »Nein« dazu sagen zu müssen, um dann prompt als Reaktionäre, als Arbeitnehmerfeinde, als Unternehmerinteressenvertreter zu gelten. Aus dem Grunde können wir unsere Warnungen und unser Nein nur pauschal aussprechen, denn die Krise muß so groß werden, daß das, was wir für die Sanierung notwendig halten, dann auf einem psychologisch besseren Boden beginnen kann als noch heute. Noch heute leben die meisten über ihre Verhältnisse. Noch heute haben sie nicht begriffen, wie ernst die Situation ist. Noch heute besteht nicht ernsthaft die Bereitschaft dazu, den Gürtel enger zu schnallen und an die Sanierung von Wirtschaft, Gesellschaft und Staat heranzugehen. Ich sagte dann, die psychologischen Faktoren sind m. E. das Entscheidende, und hier müssen wir einfach davon ausgehen, daß ohne eine Rückkehr der CDU/CSU eine Änderung der psychologischen Lage nicht erfolgen kann. Wir haben auch gar keine Angebote. Wir müssen schlechthin von dem Axiom ausgehen, die können Wirtschaft, Gesellschaft und Staat nicht mehr in Ordnung bringen. Sie haben fünf Jahre alles getan, um eine im Kern gesunde Wirtschaft systematisch, aber absolut sicher zu ruinieren, und damit den Boden für eine moderne Zukunftsgesellschaft verdorben.

Im übrigen ist es ja gar nicht so ohne, wenn man sieht, daß z. B. die Neue Heimat an öffentlichen Aufträgen allein in Bayern von öffentlichen Auftraggebern in diesem Jahr 118 Millionen bekommen hat. Nur in Bayern! Und daran sind auch unsere Landräte und Oberbürgermeister erheblich beteiligt. Ich hatte mit dem Herrn Hanauer einen heftigen Zusammenstoß, weil er als Vorsitzender des Verwaltungsrates mir nachweisen wollte, daß der Neu-

bau auf dem rundfunkeigenen Grundstück des Bayrischen Rundfunks – Bauwert 40–50 Millionen DM – nicht durch eine private Bauträgerschaft, sondern nur durch die Neue Heimat durchgeführt werden konnte. Im Ingolstädter Raum ist das ähnlich. Im Augsburger Raum ebenso. Die freuen sich darüber. Denn die haben eine solch ungeheure Substanz und haben in der Vergangenheit soviel auch an Substanz ansammeln können, daß die endlos aushalten, bis einer nach dem anderen kaputtgeht. Die größten Bauträger Bayerns sind heute alle klinisch tot und aktuell tot, wenn die Banken von ihren Rechten Gebrauch machen. Und daran schließen sich dann Tausende von Handwerkern, die ihre Rechnungen nicht mehr zahlen können, Baufirmen usw. an. Die drei größten Münchner sind tot, sind klinisch tot. Nur da die Banken in der Hoffnung auf eine Wiederbelebung der Baukonjunktur immer noch stunden, die Zinsen wieder der Kreditsumme zuschreiben und immer wieder Moratorien gewähren, kommen sie noch über die Runden. Aber sie sind tot, wenn die Banken heute zugreifen. Die Banken können auch diese Politik nicht ewig fortsetzen. Einmal müssen sie von ihren Rechten Gebrauch machen, schon weil sie aufgrund der Aktiengesetze usw., der Einlagensicherung, dazu verpflichtet sind. Dann beginnt ja erst die zweite Welle des großen Sterbens.
Nun sagte Katzer gestern, das war ganz interessant, also bei Mitbestimmung sei er dafür, jetzt keinen Entwurf einzureichen. Er sei immer dafür gewesen, um die Regierungskoalition nicht aus ihren Schwierigkeiten zu vertreiben. Ich habe mir dann erlaubt, ihm zu sagen, das stimmt nicht ganz. Denn die Sozialausschüsse haben ja ihren Widerspruch gegen die Hamburger Beschlüsse erklärt und haben mit der Fraktion doch den Burgfrieden damit er-

kauft, daß die Fraktion verzichtet hat, ihren Entwurf einzubringen, und dafür haben sie darauf verzichtet, einen Entwurf der Sozialausschüsse einzubringen. Nachträglich gibt man die Not als eine Tugend aus. Gut, macht nichts. Aber wir müssen wissen, wo die eigene Kausalität, wo Ursache und Wirkung hier liegen. Dies ist auch ein Thema, das zur Unsicherheit in der Wirtschaft beiträgt, ohne daß es bei der Arbeitnehmerschaft wesentliche Pluspunkte bringt. Es ist nun natürlich falsch, wenn wir sagen, wir sind gegen Mitbestimmung. Aber ich warne hier vor einem falschen Zungenschlag. Der Herr Barzel sagte ja, wenn sie es gelesen haben – vor ein paar Tagen sind ein paar norddeutsche Zeitungen erschienen –, er sei gegen den Regierungsentwurf, weil der zu wenig Mitbestimmung bringe. Die CDU und CSU seien für mehr Mitbestimmung. Natürlich, man kann für mehr Winter sein oder nachts ist es kälter als draußen oder die Beine der Ente sind gleich lang, besonders das linke. Das hat alles keine Aussagekraft. Wir müssen für die richtige Mitbestimmung sein. Für eine funktionsgerechte Mitbestimmung, die die Interessengemeinschaft Unternehmen im Interesse der beiden Partner zu den höchsten Leistungen und zu den größten Erträgen befähigen. Dann sprach Barzel weiter, er sprach, das Unternehmen müsse ein Sozialverband werden. Was ist das für eine geistige Epidemie. Ein Unternehmen kann doch nie ein Sozialverband werden. Da muß ein Krankenhaus ein Diskussionsforum über Vietnam oder über die gerechte Lösung der Nah-Ost-Frage werden. Das sind alles zweckfremde Vorstellungen. Betriebe sind Institutionen der Gesellschaft der Produktion, der Dienstleistungen. Sie haben eine ganz bestimmte Aufgabe. Und sie haben diese Aufgabe bei einer Pluralität der Interessen optimal zu erfüllen. Die

kann man gar nicht auf einen einzigen Nenner bringen. Aber Sozialverband Unternehmen, da sind wir ja bei jugoslawischen Kooperativen angelangt.
Auch das, was hier der Brandt gesagt hat, mehr Mitbestimmung, da muß ich sagen – ich komme ja weder von industrieller noch von Großgrundbesitzerseite her –, wenn das stimmen würde, dann muß man 100% Mitbestimmung einführen und wenn es ginge 150%. Denn wenn der Fortschritt von 33 auf 50% erstens einmal ungeheuer ist und zweitens nur eine Übergangsstufe darstellt, weil ja in den Betrieben der Kampf um die gesellschaftliche Macht ausgefochten werden muß. Dann soll man sich doch gleich die Zwischenstation 50 sparen, dann gehen wir gleich auf 100% Mitbestimmung, wie es der DGB ja doch in seinem Referentenmaterial als Fernziel zwischen den Zeilen angekündigt hat. Das hat aber dann mit Arbeitnehmer nichts mehr zu tun Wir sind für die Mitbestimmung des Arbeitnehmers im Betrieb. Für die richtige, für die funktionsgerechte Mitbestimmung. Ich gehe so weit zu sagen, daß der Unternehmer heute nicht einfach das Recht hat, über seinen Betrieb so zu verfügen, daß auch damit gegen die Sozialpflichtigkeit verstoßen werden kann.
Vermögensbildung, da kann ich nur sagen: Zur Zeit nichts. Zur Zeit fehlen sämtliche Voraussetzungen für eine Vermögensbildungspolitik. Man soll ja nicht sagen, da ist nichts geschaffen worden. Die einzige Voraussetzung, die ich sehe und die man verwirklichen kann, ist auf dem Gebiet des Wohnungseigentums. Auf dem Gebiet des Wohnungseigentums ist die Sache auch am griffigsten und am konkretesten. Und jetzt müssen wir uns auch lösen von dieser von mir immer für dämlich gehaltenen – aber ich habe von dem Urteil nur einen relativ sparsamen

Gebrauch gemacht, aber wer es in kleinem Kreis erlebt hat, weiß, was ich dazu gesagt habe –, Beteiligung am Produktivkapitalvermögen. Eine der dümmsten Vorstellungen, die man haben kann, den Arbeitnehmer am Produktivkapital unbedingt beteiligen zu müssen. Solange man in der Wachstumsphase lebte, jedes Jahr 10% mehr, ich lege 10000 DM ein, dann habe ich im nächsten Jahr 11000 DM oder 12000 DM! Das ist doch die IOS-Verkaufsstrategie gewesen. Aber, ich habe gestern auch darauf hingewiesen, das klassische Eigentumspapier ist doch die Aktie. Was sagne wir denn den armen Volksaktionären, die seinerzeit die VW-Aktie gekauft haben, die VEBA-Aktie gekauft haben, die Preußag-Aktie gekauft haben, die heute auf dem Kurs von 60 und 65 draufsitzen, und das in einem Fall, nachdem sie zweimal 120 oder 130 dafür bezahlt haben. Das hindert aber die Vermögenspolitiker à la Pieroth nicht daran, Beteiligung am Produktivkapital zu verlangen. Das beste, was einer tun konnte in der Zeit war, ganz kurzfristige hochverzinsliche Wertpapiere zu kaufen, sie sofort wieder umzuschichten, damit er den nächst hohen Zinssatz bekommen kann. Diese Idioten von Aktienkäufern, ich schließe mich hier ein, wenn auch nur in kleinem Umfange.
Da hat man Kurse bezahlt mit 200/250 und hat nun 90 und 100. Zum Schenken ist es noch zuviel und zum Halten ist es fast nicht mehr interessant. Wir müssen eine Politik betreiben, daß das Produktivkapital sich wieder rentiert. Und dann hat eine Beteiligung der Arbeitnehmer am Produktivkapital einen Sinn und nicht vorher.
Sehr interessant war gestern dann die Bemerkung von Katzer, nunmehr hat die Wirtschaft versagt, ganz gleich, wer schuldig ist. Aber in Köln allein bekommen 8000 Jugendliche keinen Lehrlingsplatz, da die Wirtschaft jetzt

offensichtlich nicht mehr in der Lage ist, die Berufsausbildung zur Verfügung zu stellen. Ich habe dann allerdings zwar schon in einer Randgruppe gesagt, man bedrohe eine Wirtschaft, man beschimpfe eine Wirtschaft, man beute eine Wirtschaft aus, treibe ihr die Lehrlingsausbildung als Jugendschinderei, als Ausbeutung usw. aus, man erlasse ein Jugendarbeitsschutzgesetz, wo es also 4 Wochen Urlaub gibt, und dann darf er bloß noch mit Herr angeredet werden und mittags muß er zwei Stunden geregelte Ruhezeit haben und dann eine Stunde Hobbyjob betreiben dürfen! Ja, wer soll denn da noch einen Lehrling einstellen, der steht doch immer schon mit einem Fuß im Gefängnis, wenn der Gewerbeinspektor von der Gewerbeüberwachung, vom Gewerbeaufsichtsamt, dann daherkommt, und nachdem er es soweit gebracht hat, sagt man, ganz gleich, wer schuld ist. Unsere Kinder können doch nicht ohne Berufsausbildung in das Leben treten. Erziehunggeld sei von Grund auf richtig, könne nicht verwirklicht werden. Es wissen die Kinderpsychologen am besten, daß vom 1. bis zum 3. Lebensjahr das Kind für das Leben endgültig geformt würde, und in den Jahren müsse eben dann das Erziehungsgeld gezahlt werden. Das hätte die Fraktion beschlossen, und dabei müsse man auch bleiben. Kinderpsychologie! Aber die müssen dann wissen, wie viele Frauen verlassen den Arbeitsplatz, wer kann sie ersetzen. Sind die Männer bereit, eine Stunde mehr zu arbeiten in Zukunft, um das an Sozialprodukt zu ersetzen, was auf diese Weise dann durch Verringerung der Arbeitskräfte eben eingespart wird. Da heißt es nur, das muß geschehen, jenes muß geschehen, ein drittes muß geschehen. Ja wer soll denn das Geld verdienen, um die 4 oder 5 Milliarden zu bezahlen, wo der Staat im offenen Bankrott ist, die Rentenversicherungsträger in Mil-

liardendefiziten dahinschleichen? Wer soll denn das bezahlen? Das hat doch so keinen Sinn. Dann kam er mit einer Vorstellung von der Rentenreform daher. Er hat nicht die 13. Rente gestern gebracht, sondern man sollte jetzt eine Einheitsrente bringen – oder wenn der Mann stirbt oder die Frau stirbt, soll der restliche Ehegatte etwa die gleiche Rente bekommen, wie sie vorher beide zusammen gehabt haben. Das würde natürlich dann bedeuten, daß sie zuerst weniger bekommen, damit der Überbleibende dann mehr bekommt.
Ich möchte zur Außenpolitik nur eine Bemerkung machen: Wir müssen sicherlich die europäische Idee am Leben halten, aber wir sind heute von jeder Möglichkeit einer Europäischen Union, auch einer echten Europäischen Wirtschaftsgemeinschaft weiter weg, als wir im Jahr 1950 gewesen sind. Im Jahre 1955, 1960, 1965 oder wann auch immer, ist man in einem fast hoffnungslosen Zustand angelangt, wobei der moralische Zustand Europas schlimmer ist als der materielle oder der politische oder der militärische. Die Europäer sind total degeneriert. Sie sind ausgetreten aus der Geschichte, erwarten, daß die Amerikaner wenigstens für sie noch Wache halten, verschließen die Augen vor der sowjetischen Gefahr, begreifen nicht, daß das Kooperationsangebot der Sowjetunion einen Hegemonieanspruch bedeutet. Deutsche Kraftwerke an der Wolga oder in Ostpreußen, die den Strom von Arabern zu uns hineinbringen. Ich kann nur sagen, man weiß schon bald nicht mehr, welches Land auf der Welt man zur Emigration empfehlen soll. Zwischenzeitlich kann man Neuseeland, Australien oder Kanada vielleicht noch nennen, auch Palästina, das sind aber auch nur Übergangsstationen. Nur summa summarum: Für uns heißt die Summe, dieses Europa kann nicht ge-

sund werden, wenn die Bundesrepublik nicht wieder wirtschaftlich, gesellschaftlich, politisch, militärisch ein Stabilitätsfaktor erster Ordnung wird. Wenn das von der Bundesrepublik wieder ausgeht. Das kann aber nur ausgehen, da bin ich jetzt wirklich am Ende, wenn die Krise so stark wird, daß aus der Krise ein heilsamer Schock erwächst und damit die Bereitschaft, die Konsequenzen aus dieser Zeit auch tatsächlich auf sich zu nehmen. Sonst läuft sich jeder Kanzlerkandidat tot. Und darum hat es auch gar keinen Sinn, wenn wir jetzt in den nächsten Monaten uns überlegen, wer ist am telegensten, wer wirkt am besten, wer hat nach der Umfrage von Wickert, Infas oder wie die da alle heißen, die meisten Chancen. Es ist alles belanglos oder cura posterior, zuerst müssen wir wissen, was machen wir, wenn wir hinkommen, mit diesem Staat. Und das nächste ist dann, wer ist geeignet, diese Maßnahmen glaubhaft an die Spitze einer aktionsfähigen Regierungs- und Parlamentsgruppe dann auch tatsächlich durchzuführen. Und damit wird dann das Karussell der Eitelkeit für eine Zeitlang gestoppt sein.

14.41 408
St/Ki

(Dr. Strauß)

Eine fünfte Feststellung! Machen Sie sich doch nicht lächerlich, wenn Sie gewisse Gruppierungen - Sie haben heute die Wehrsportgruppe Hofmann genannt - durch Ihre ständigen, in der Öffentlichkeit vorgetragenen überdimensionierten Darstellungen überhaupt erst der bayerischen Bevölkerung bekannt machen und ihnen damit eine Bedeutung zumessen, die Sie nie hatten, nie haben und in Bayern nie bekommen werden.

(Beifall bei der CSU - Abg. Hiersemann: So etwa hat man in der Weimarer Republik über die Nazis gesprochen!)

Ich glaube, daß schon der frühere bayerische Innenminister anläßlich der Beantwortung einer Anfrage einmal auf dieses Thema hingewiesen hat.

(Abg. von Truchseß: Wehret den Anfängen!)

Außerdem sollte Ihnen bekannt sein, daß das Landesamt für Verfassungsschutz in seinen Monatsberichten jeweils das aufführt, was in diesem Monat den Behörden und ihren Mitarbeitern aufgefallen ist. Wenn in einem Monat keine

Protokoll der Strauß-Erklärung im bayerischen Landtag betr. Wehrsportgruppe Hoffmann

1922 Steuerwachtmeister beim Finanzamt Hindenburg/Oberschlesien und im gleichen Jahr Versetzung nach Berlin. 1923 Steuerassistent und 1926 Steuersekretär. Teilnahme am zweiten Weltkrieg. Seit 1946 Mitglied der Ratsversammlung der Stadt Bad Lauterberg und Mitglied des Kreistages des Kreises Osterode. 1945 Leiter des Flüchtlingslagers Odertal, später Verwaltungsobersekretär bei der Allgemeinen Ortskrankenkasse Osterode.

Storch, Anton, Bundesminister für Arbeit, Bonn – (Nds. Kr. 6 Osnabrück Stadt und Land) CDU.
Geboren am 1. April 1892 in Fulda als Sohn eines Arbeiters. 1906 bis 1909 Erlernung des Tischlerhandwerks. 1909 bis 1914 Tätigkeit als Tischlergeselle in Süd- und Westdeutschland. Kurzer Aufenthalt in der Schweiz und in Belgien. 1914 bis 1918 Teilnahme am ersten Weltkrieg. Bis 1920 Tischlergeselle. 1920 bis 1933 Angestellter des Zentralverbandes Christlicher Holzarbeiter, und zwar bis 1921 als Bezirksleiter in Koblenz und bis 1933 als Gauleiter des Verbandes in Hannover. Nebenamtliche Tätigkeit bis 1933: 1929 bis 1931 Vorsitzender des Ortskartells der Christlichen Gewerkschaft in Hannover, 1931 bis 1933 Vorsitzender des Deutschen Gewerkschaftsbundes, Landesverband Niedersachsen. 1933 aus politischen Gründen Verlust seiner Ämter. 1933 bis 1939 Versicherungsvertreter. 1939 bis 1945 Dienstverpflichtung zur Feuerschutzpolizei in Hannover. Von Kriegsende bis November 1945 Tätigkeit als Tischlergeselle und ehrenamtliche Mitarbeit am Aufbau der Allgemeinen Gewerkschaft in Hannover, der er von diesem Zeitpunkt an als Angestellter angehörte. 1946 bis 1948 Leiter der Sozialpolitischen Abteilung des Deutschen Gewerkschaftsbundes. 1947 bis 1949 Mitglied des Wirtschaftsrates der Bizone. Am 20. August 1948 zum Direktor der Verwaltung für Arbeit des Vereinigten Wirtschaftsgebietes gewählt. Am 14. August 1949 Wahl zum Abgeordneten des Deutschen Bundestages und am 20. September 1949 Ernennung zum Bundesminister für Arbeit.

Strauß, Franz, Oberregierungsrat, Generalsekretär der CSU, Schongau – (Bay. Kr. 12 Weilheim) CSU.

Bundestagshandbuch von 1949

Geboren am 6. September 1915 in München als Sohn eines Handwerksmeisters. Nach Besuch des Humanistischen Gymnasiums Studium der Geschichte, Sprachen, Volkswirtschaft und Rechtswissenschaft an der Universität München. Staatsexamen im Jahre 1939/40. Von 1939 bis 1945 Teilnahme am zweiten Weltkrieg. Von 1945 bis zum 1. Januar 1949 stellvertretender und zweimal gewählter Landrat von Schongau. Seit Februar 1948 Mitglied des Wirtschaftsrates. Seit 1. Januar 1949 Leiter des Bayerischen Landesjugendamtes. 1945 Gründungsmitglied der Christlich-Sozialen Union. Von 1946 an Mitglied des Landesvorstandes, seit 1949 Generalsekretär der CSU.

Striebeck, Otto, Redakteur, Mülheim/Ruhr – (N-W. Kr. 29 Mülheim) SPD.
Geboren am 18. September 1894. Zunächst von Beruf Bergmann, nach sechzehnjähriger Grubenarbeit Redakteur (seit 1929). Teilnahme am ersten Weltkrieg. 1918 Eintritt in die SPD und in die Gewerkschaftsbewegung. Seine Tätigkeit wurde 1933 aus politischen Gründen unterbrochen. 1935 wegen Vorbereitung zum Hochverrat zu zwei Jahren zehn Monaten Zuchthaus verurteilt. Nach Beendigung des zweiten Weltkrieges Berufung in den Bürgerrat der Stadt Mülheim und später Wahl zum Stadtverordneten. Vorsitzender des Städt. Schulausschusses und des Kuratoriums der Berufsschulen in Mülheim sowie Mitglied verschiedener anderer Ausschüsse.

Strobel, Käte, Hausfrau, Nürnberg – (Bay. Ergänzungsliste) SPD.
Geboren am 23. Juli 1907 in Nürnberg. Besuch der Volksschule, Handelsschule und Volkshochschule. Von 1923 bis 1938 kaufmännische und organisatorische Tätigkeit in der Landesorganisation und Genossenschaft des bayerischen Obst- und Gartenbaues. Trat mit dreizehn Jahren der sozialistischen Jugendbewegung bei. Seit 1925 Helferin bei den Kinderfreunden, deren Vorsitzende in Bayern, von 1932 bis 1933 Mitglied des Reichsvorstandes der Kinderfreunde. Mit achtzehn Jahren Mitglied der SPD in Nürnberg. Nach 1933 politisch verfolgt. Nach 1945 Tätig-

Franz Strauß »vergaß« seine Ernennung zum Beamten 1943

347

Der Reichsminister
für Wissenschaft, Erziehung
und Volksbildung

(Vorschlagsberechtigte Stelle)

E III f Strauß, Franz c/43 (b)

Präsidialkanzlei
des Führers und Reichskanzlers
Eing.: 8 APR.943

Vorschlag zur Ernennung RP 4158/43

des

Studienassessors Franz Strauß zum Studienrat
(Amtsbezeichnung, Name) (Amtsbezeichnung)

in der Reichsbesoldungsgruppe A 2c2 ~~oder der ihr entsprechenden Landesbesoldungsgruppe~~

Der Leiter der Partei-Kanzlei hat Einwendungen gegen die Ernennung nicht erhoben.

Anlage: 1 mitgezeichnete Urkunde

Berlin, den 5. April 1943

An den
Herrn Staatsminister und Chef der Präsidialkanzlei
des Führers und Reichskanzlers

Jn Vertretung

Auf dieser und den folgenden Seiten ist die Ernennung von Franz Strauß zum Beamten auf Lebenszeit von 1943 dokumentiert. Die Akte enthält die Beweise für die – von Strauß bestrittene – Aktivität als Nazipropagandist (»weltanschaulicher Referent und Rollenführer beim Sturm 23/M 86«)

Berlin W 8

Voßstraße 4

(Dieser Raum ist der Präsidialkanzlei des Führers und Reichskanzlers vorbehalten)

Liste III bei 205. 5812 / 43 geprüft.

Im Namen des Deutschen Volkes

ernenne ich

den obengenannten Beamten.

Die Ernennungsurkunde ist unter dem heutigen Tage mit meiner faksimilierten Unterschrift auszufertigen.

Führer-Hauptquartier, den 20. April 1943

Der Führer und Reichskanzler

gez. Adolf Hitler

Präsidialkanzlei Berlin, den 16. April 1943

Zu 1.

ab

mit 1 Anl.

1. Die unter obenstehender Orts- und Datumsangabe mit der faksimilierten Unterschrift des Führers und Reichskanzlers ausgefertigte Urkunde geht mit Anschreiben an die antragstellende Behörde zurück.

2. Zu den Akten.

gez. Dr. Meissner

Vordrucke können von der Drucksachenverwaltung der Reichsdruckerei in Berlin SW 68, Oranienstr. 90–94, unter Nr. D 33 bezogen werden.

D 33 (2. 40) Reichsdruckerei, Berlin Din 476 A 4

1	2	3	4
a) Familienname b) Vor- (Ruf-) Name c) Geburtstag d) Geburtsort	Beamtenstellung a) jetzt b) künftig	a) Dienstlicher Wohnsitz b) Wohnungen seit 1. Januar 1932	a) Glaubensrichtung b) Familienstand c) Kinder
a) S t r a u ß b) Franz c) 6. September 1915 d) München	a) Studienassessor u. außerplanmäßiger Beamter b) Studienrat	a) M ü n c h e n b) ab 1.1.1932 München, Schellingstr. 44/III.	a) kath. b) ledig c) keine

348

5	6	7	8
Bildungsgang oder Nachweis der sonstigen Eignung	Tag des Eintritts in den Reichs- oder Landesdienst	Bisherige dienstliche Laufbahn (insbesondere Zeitpunkt und Art der ersten planmäßigen Anstellung sowie der letzten Beförderung)	a) Bietet der Vorgeschlagene nach seinem Verhalten die Gewähr, daß er jederzeit rückhaltlos für den nationalsozialistischen Staat eintritt? b) Wodurch ist seine und seiner Ehefrau deutschblütige Abstammung nachgewiesen?
Lehramtsprüfung für den Unterricht in den klassischen Sprachen und der Geschichte: I. Abschnitt 1940 (Frühj.) Note I II. " 1940 (Herbst) "gut" bestanden. In den Prüfungsjahrgang 1937 Herbst vorgereiht.	1.1.1941	ab 1.4.1941 Studienassessor an der Oberschule für Jungen an der Damenstiftstraße in München. ab 1.5.1942 zum außerplanmäßigen Beamten an dieser Anstalt ernannt.	a) ja b) durch Fragebogen und Urkunden.

9	10	11	12	13	14	15
Bei Abweichung von den Reichsgrundsätzen: Ist die Zustimmung der Reichsminister des Innern und der Finanzen eingeholt?	Militärverhältnis a) früher (Frontkämpfer? Kriegsbeschädigter?) b) jetzt	a) Mitglied der NSDAP? b) Seit wann? c) Mitglieds-Nr. d) Ämter in der Partei? e) Dienstrang und Führerstelle in SA, SS, NSKK, NSFK, HJ usw. (Angabe des Sturms usw.)	Welchen politischen Parteien und Verbänden hat der Beamte früher angehört und wie lange? (Ämter?)	Hat der Beamte a) Logen b) vor dem 30. Januar 1933 staatsfeindlichen Beamtenorganisationen angehört? Zu a) und b): Von wann bis wann? Logengrad oder führende Stelle?	Strafen a) der ordentlichen Gerichte b) der Parteigerichte	Bemerkungen
Nicht erforderlich	a) keines b) seit Kriegsbeginn im Heeresdienst (beurlaubt v. 18.11.40 bis 14.4.41) Leutn.d.R.	a) nein b) —— c) —— d) —— e) Angehör. des NSKK seit 1.5.37 weltanschaulicher Referent und Rottenführer beim Sturm 23/M 86 in München;	keinen	a) nein b) nein	a) keine b) keine	Die Vorschriften des Erlasses des Generalbevollmächtigten für die Reichsverwaltung vom 20. Mai 1940 –GBV 512/2… III.40– sind beachtet. Stud.Ass. Strauß ist seit Kriegsbeginn, mit einer Unterbrechung vom 18.11.1940 bis 14.4.1941, im Heeresdienst.

seit 1.11.
1937 Mitgl.
ds. NSDStB.

Nat.-Soz. Kraftfahr-Korps
Der Korpsführer.

München 33, den 12. Mai 1938.
Brienner Straße 41
Rufnummer 55741–43, 55082, 55733

Betr.: Richtlinien für Bearbeitung der Personalangelegenheiten.

Verteiler IV (einschl. Verwaltg.)

Korpsbefehl Nr. 12b

die fortschreitende Entwicklung des Nat.-Soz. Kraftfahrkorps ist der Korpsbefehl Nr. 12a
...enteils überholt und bedarf einer Neufassung.
Ich habe ihn daher mit sofortiger Wirkung auf und ersetze ihn durch Korpsbefehl Nr. 12b

Der Korpsbefehl Nr. 12 b des NSKK dokumentiert: Das NSKK war kein bloßer »Klub von Motorsportfreunden«, Strauß hat sich verpflichtet, der Nazipartei beizutreten.

Allgemeines.

Das Nationalsozialistische Kraftfahrkorps verkörpert die motorisierte Kraft der Partei und ist der Banner- und Willensträger des Motorisierungsgedankens der deutschen Nation. Dieser hohen Aufgabe kann nur die beste Führerauslese gewachsen sein. Körperliche Tauglichkeit und Frische, motorische Leidenschaft, bestes sachliches Können, vom Nationalsozialismus durchdrungene hohe geistige und sittliche Kräfte müssen daher die hervorragenden Eigenschaften dieses Führerkorps sein.

Ich erwarte im besonderen:

Lauterkeit der Gesinnung und des Charakters,
Selbstzucht und soldatische Einfachheit,
Schlichtheit der Lebenshaltung,
Treue, Gehorsam und Kameradschaft,
allgemein einwandfreies Auftreten.

Dauernde Schulung, ein immer tieferes Eindringen in das nationalsozialistische Gedankengut, die regelmäßige Ableistung von Uebungen in der Wehrmacht erwarte ich von allen Führern.

Bearbeitung der Personalangelegenheiten darf grundsätzlich nur in langem Parteidienst tätigen bewährten Führern, die über eine ausreichende Menschen- und Sachkenntnis verfügen, anvertraut werden.

II. Personelle Unterteilung des NSKK.:

1. **Aktive Führer, Unterführer und Männer.**

Führer = Dienstgrade vom Sturmführer aufwärts,
Unterführer = Dienstgrade bis Obertruppführer,
NSKK.-Männer und -Anwärter.

a) Breitengliederung.

b) Schuldienst (siehe Korpsbefehl Nr. 22).

2. **Führer z.b.V.**

Zur besonderen Verwendung einer Einheit können Führer und Männer eingeteilt werden, die ein bestimmtes Arbeitsgebiet betreuen. Z.b.V.-Stellungen sollen nicht dazu dienen, dienstunfreudige und ungeeignete Führer und Männer in Uniform und Dienstgraden zu belassen und dadurch Stäbe aufzublähen.

(Siehe Ch CI 303/38 vom 25. 4. 1938 Ziff. 6.)

3. **Führer z.V.**

Altbewährte Führer und Unterführer können, wenn eine aktive Dienstleistung infolge beruflicher Ueberlastung oder gesundheitlicher Störungen nicht mehr möglich ist, z.V. der zuständigen Motorstandarte oder Motorgruppe und in besonderen Fällen der Motorobergruppe gestellt werden. Der Führer z.V. wird bei besonderen Anlässen zur Dienstleistung herangezogen.

Die Stellung z.V. unterliegt ausschließlich der Genehmigung der Korpsführung.

(Siehe Absatz V und Ch CI 303/38 vom 25.4.38 Ziff. 6.)

4. **Ehrenrangführer.**

Führenden Persönlichkeiten von Partei und Staat, die dem NSKK. nahestehen und sich im

einmalig verliehen **werden.**

Ehrenführer.

Die Ernennung zum Ehrenführer ist eine besonders hohe Auszeichnung, die nur vom Führer verliehen wird.

6. **Korpsangehörige.**

Siehe Korpsbefehl Nr. 20a.

III. Aufnahme in das NSKK.:

1. **Aufgenommen werden:**

a) Deutsche Männer, die politisch zuverlässig, körperlich geeignet und motorbegeistert sind.

b) Angehörige der Partei, ihrer Gliederungen und angeschlossener Verbände, jedoch nur nach Genehmigung

der Ueberweisung von der SA. oder
des Uebertrittes von SS., HJ., NSFK. usw.

durch die vorgesetzten Dienststellen.

2 **NSKK.-Anwärter.**

Eine Anwärterzeit von 6 Monaten haben diejenigen zu durchlaufen, die vor Aufnahme in das Korps

a) keiner Gliederung oder keinem angeschlossenem Verband der NSDAP. angehörten,

b) diejenigen, die nur bis 2 Jahre Wehrdienst abgeleistet und vor Eintritt in die Wehrmacht noch keiner **Gliederung** angehört haben.

3. **Parteizugehörigkeit.**

Führer und Männer des Korps müssen Parteimitglieder sein oder, soweit dies noch nicht der Fall ist, die Eignung für eine spätere Aufnahme in die Partei besitzen und die Verpflichtung hierzu eingehen.

IV. Dienstgrad und Dienststellung.

Grundsätzlich ist zwischen Dienstgrad und Dienststellung zu unterscheiden. Maßgebend für die Vorgesetzteneigenschaft ist stets die Dienststellung.
Die Anrede erfolgt mit dem jeweiligen Dienstgrad.

V. Beförderungen.

Beförderungen werden in der Regel ausgesprochen zum:

30. Januar,
20. April,
Reichsparteitag,
9. November.

Bei Männern und Unterführern ist ein Zeitraum von einem halben Jahr, bei Führern ein solcher von mindestens einem Jahr, vom Tage der letzten Beförderung an gerechnet, einzuhalten. Die Beförderung zum Höchstdienstgrad erfolgt nur nach langjähriger Bewährung. Begründete Ausnahmefälle sind zulässig. Für besondere Leistungen behalte ich mir bevorzugte Beförderung vor. Hauptamtliche Führer und Männer, die trotz Tauglichkeit ihrer Wehrpflicht nicht genügt haben, sowie Führer z.V. werden nicht befördert.

VI. Dienststrafordnung.

Bis zur Herausgabe der Dienststrafordnung des NSKK. bleiben die bisherigen Bestimmungen in Kraft.

VII. Personal-Arbeitsgebiete:

1. **Gliederung:**

Die nachfolgende Gliederung der Arbeitsgebiete des Personal-Amtes der Korpsführung soll als Richtlinie für den Aufbau des Personalwesens bei den unterstellten Dienststellen dienen.

a) **Abteilung II a:**

Führung der Personalakten, der Dienststellenbesetzungslisten und der Karteien.

Beförderungen (Führerbefehl, Stabsbefehl und Korpsführerbefehl),
Kommandierungen, Versetzungen, Ueberweisungen,
Beauftragungen und Ernennungen,
Enthebungen,
Ausscheiden und Entlassungen,
Stellungen z.b.V. und z.V.,
Ehrenführer, Ehrenrangführer,

Beurteilungen,

Urlaub,
Einberufungen (Lehrgänge der Reichsführerschule, sonstige Schulen der Partei),
Ausweise.

b) **Abteilung II b:**

Prüfung der Eignung zur Aufnahme in das Korps
(rassische und politische Gesichtspunkte — arischer Nachweis),
Reichsangehörigkeit,
Freimaurerei und Geheimbünde,
weltanschauliche Schulung.

c) **Abteilung II c:**

Ehrenordnung,
Disziplinar- und Beschwerdeordnung, Beschwerden,

Der Chef der Heeresrüstung
und
Befehlshaber des Ersatzheeres
Stba/Ic. Nr. 3714/43 geh.

Berlin, den 14. Mai 1943

Geheim!

Betr.: Wehrgeistige Führung im Ersatzheer.
Bezug: Chef H Rüst und B d E Stab/Ic Nr. 3714/42g v. 10. 8. 42.

Die Arbeitsbesprechung der durch o.a. Verfügung befohlenen Sachbearbeiter für wehrgeistige Führung bei Chef H Rüst und B d E Stab/Ic am 15./16. 4. 43 hat ergeben, daß die stellv. Generalkommandos Maßnahmen der wehrgeistigen Führung bei ihren unterstellten Truppenteilen und Dienststellen getroffen haben, die der zunehmenden Bedeutung dieser Aufgabe entsprechen.

Die große Aufgabe der wehrgeistigen Kriegsführung, die in Verfügungen, Tornisterschriften, Merkblättern, Zeitschriften und Mitteilungsblättern ständig der jeweiligen Lage entsprechen[d] behandelt wird, muß Widerhall bei jedem Offizier des Ersatzheeres finden. Wehrgeistige Führung ist kein von der Not erzwungenes Programm, sondern eine aus der revolutionären Umgestaltung unseres Zeitalters erwachsene *politische* Führungsaufgabe, wie sie in dieser Bedeutung noch niemals einem Offizierkorps gestellt worden ist. Ziel aller Maßnahmen der wehrgeistigen Führung ist deshalb die *Mobilisation des Offizierkorps* zur unablässigen Arbeit an sich selbst und an der ihr anvertrauten Truppe. Nur durch eine solche tatkräftige politische Führung der Soldaten, die in den kommenden Schlachten kämpfen und siegen sollen, wird das Offizierkorps des Ersatzheeres seiner hohen Verantwortung vor Führer und Volk gerecht.

Für die einheitliche wehrgeistige Führung im Ersatzheere gebe ich deshalb die nachstehende Anordnung[4].

gez. Unterschrift[5]

---

[3] Bei dem folgenden Dokument handelt es sich um eine Abschrift, die dem Rundschreiben Nr. 25/43 g der Parteikanzlei an die Reichs- und Gauleiter beigefügt war. Martin Bormann hob darin als wesentlichste Merkmale des Befehls hervor, daß jetzt bis zu den Bataillonen Offiziere für politisch-weltanschauliche Führung eingesetzt werden sollten und eindeutig klargestellt sei, daß diese nur politische, nicht aber Betreuungsaufgaben hätten. Der umfangreiche Verteiler des Dokuments ist aus Platzgründen weggelassen worden.

[4] Die Ziffer 3e der Anordnung ist weggelassen worden. In ihr werden lediglich die nächsten Schulungstagungen bei den stellv. Generalkommandos detailliert aufgeführt.

[5] Die vorliegende Abschrift enthält keine Unterschrift. Nach dem Kopf und nach dem Wortlaut des Begleitschreibens müßte sie lauten: Fromm. Generaloberst Fromm war bis zum 20. Juli 1944 Befehlshaber des Ersatzheeres.

Der Geheimbefehl vom 14. 5. 1943 betr. »Offizier für wehrgeistige Führung«. Für die Auswahl entscheidend (2.): »aktivistischer« Nazi. Seine Aufgabe: »ausschließlich politisch – weltanschaulich – nationalsozialistisch« (5.)

1. Die bei den stellv. Generalkommandos bestimmten Sachbearbeiter für wehrgeistige Führung der Gruppe Ic sind künftig bei den stellv. Generalkommandos, den Generalkommandos der Reservekorps, dem Befehlshaber im Gen.Gouv., dem Wehrmachtbevollmächtigen Prag und dem Befehlshaber der deutschen Truppen in Dänemark als

„*Offizier für wehrgeistige Führung*"

ausschließlich mit dieser Aufgabe zu befassen.

Eine neue Planstelle hierfür kann vorerst nicht bewilligt werden. Die Planstellen der K.St.N. Nr. 5005 Gruppe IC S. b. Nr. 24 27 sind auszunutzen.

Der „Offizier f. wehrgeistige Führung" untersteht dem Gruppenleiter Ic, ist aber nicht mit ihm personengleich.

2. Die Auswahl einer für diese Aufgaben geeigneten Persönlichkeit ist für den Erfolg entscheidend. Gesichtspunkte für die Auswahl sind:

bewährter Frontoffizier
~~aktivistischer Nationalsozialist~~
schwungvolle Persönlichkeit
Eignung, seine Gedanken in Wort und Schrift auf andere zu übertragen,
Begeisterung für seine Aufgabe
Dienstgrad nebensächlich.

Die Herren Komm.Generale werden gebeten, sich über die Auswahl des „Offiziers für wehrgeistige Führung" Vortrag halten zu lassen und dem „Offizier für wehrgeistige Führung" im Laufe seiner Arbeit häufig die Möglichkeit zu unmittelbarem Vortrag zu geben.

Die Personalien der Offiziere für wehrgeistige Führung sind Chef H Rüst und B d E bis zum 1. 7. 1943 folgt zu melden:

a) Dienstgrad
b) Name
c) Lebensalter
d) bei Reserveoffizieren
Zivilberuf
e) letzte Feldverwendung
als .... bis ....

3. Aufgaben des Offiziers für wehrgeistige Führung der stellv. Generalkommandos und der Generalkommandos der Reservekorps sind:

a) *Unterstützung* des Komm.Generals in der wehrgeistigen Führung der ihm unterstellten Truppenteile und Dienststellen im Sinne des o. a. Befehls, dessen Anlage in Abschrift beigefügt ist.
Begleitung des Komm.Generals bei Besichtigungen als Sachbearbeiter für wehrgeistige Führung.

b) *Lenkung* der Arbeit der Offiziere für wehrgeistige Führung der Btl. (Abt.) – siehe Ziffer 4 dieses Befehls.
Diese Lenkung darf nicht zu einem neuen Schriftverkehr oder zu umfänglichen Formularmeldungen führen. Sie soll vielmehr durch regen persönlichen Verkehr und regelmäßige Schulungstagungen verwirklicht werden.

c) Wehrgeistige Führung in Verbindung mit den Lehrgangsleitern der Lehrgänge für genesende Offiziere gem. Chef H Rüst und B d E Chef Ausbildungswesen im Ersatzheer Stab/Ia (2) Nr. 1674/42 v. 22. 12. 42 Ziff. II.

d) Schulungstagungen für wehrgeistige Führung bei den stellv. Generalkommandos und den Generalkommandos der Reservekorps:

Leiter: Gruppenleiter Ic, zu seiner Unterstützung der Offizier für wehrgeistige Führung der stellv. Generalkommandos und der Generalkommandos der Reservekorps.

Teilnehmer: Die Offiziere für wehrgeistige Führung der Btl. (Abt.), die Fähnrichsväter, je ein Kp-Chef des Btls (Abt.) im Wechsel, dazu der Kommandeur oder ein sonstiger Offizier des Btls. oder Regiments nach Bestimmung des Generalskommandos.

Zeitfolge: Alle 4–6 Wochen.

Programm: Zweiteilig:

Teil 1 (zweckmäßig vormittags)

Vorträge von Rednern aus Wehrmacht, Partei, Universität, Presse, Wirtschaft, von denen eine lebendige politische Auswirkung erwartet werden kann. Kein nur belehrender Vortrag, keine bloße Unterhaltung.

Teil 2 (zweckmäßig nachmittags)

Schulung der Offiziere für wehrgeistige Führung in der Unterrichtsmethode, Mustervorträge der Offiziere für wehrgeistige Führung *der Btl. (Abt.)* vor Lehrtruppe. Hinweis auf Vortragsthemen, politische Schwerpunkte.

e)...

f) Chef H Rüst und B d E ist über die wehrgeistige Führung in den Generalkommandos durch die Offiziere für wehrgeistige Führung mündlich auf Arbeitsbesprechungen bei Chef H Rüst und B d E Stab Ic zu berichten. Nächste Arbeitsbesprechung findet im Juli 1943 statt. Vorschläge für die Tagesordnung sind zeitgerecht vorzulegen.

4. Bei jedem Batl. (Abtlg.) ist ein „Offizier für wehrgeistige Führung" zu bestimmen. Hierfür kann und soll keine besondere Planstelle geschaffen werden. Die ausschließliche Befassung mit der wehrgeistigen Führung durch den Offizier für wehrgeistige Führung des Batl. (Abtl.) ist anzustreben, wird aber nicht immer möglich sein.

Es empfiehlt sich die Beauftragung eines versehrten Offiziers mit längerer Genesungszeit.

Die Beauftragung der Adjutanten mit dieser Aufgabe ist zu untersagen.

Für die Auswahl sind dieselben Gesichtspunkte wie zu Ziffer 2 maßgebend.

Aufgaben des Offiziers für wehrgeistige Führung der Batl. (Abt.) sind folgende:

a) Unterstützung des Kommandeurs bei der wehrgeistigen Führung seines Batls. (Abt.).

b) Unterstützung des Chefarztes bei der wehrgeistigen Führung in den *Lazaretten*. Dafür sind die Reservelazarette auf die Batl. (Abt.) durch die stellv. Generalkommandos aufzuteilen.

Anhalt: 3 Lazarette für jeden Offizier für wehrgeistige Führung der Btle (Abt.). Es empfiehlt sich, bei der Aufteilung der Reservelazarette auf schon bestehende Einrichtungen von „Paten- oder Betreuungstruppenteilen" Rücksicht zu nehmen. Der Offizier für wehrgeistige Führung hat in jeder Dekade je einen Lazarettbesuch in jedem Lazarett mit Vortrag und Aussprache durchzuführen.

Anhalt: 20–30 Min. Vortrag vor den verwundeten und kranken Unteroffizieren und Mannschaften. Die Teilnahme der verwundeten und kranken Offiziere ist freigestellt. Anschließend Aussprache; *Aussprache unerläßlich.*

5. Die Aufgabe des Offiziers für wehrgeistige Führung der stellv. Generalkommandos und Btle. (Abt.) ist *ausschließlich* politisch-weltanschaulich-nationalsozialistisch.
Daher gehört nicht zu ihrem Aufgabenkreis:
(1) KdF-Betreuung
(2) Berufsförderung
(3) das militärische Vortragswesen (BmV)
(4) Wehrmachtpropaganda des W Pr Offiziers
(5) Wehrmachtfürsorge und Versorgung
(6) Die Aufgabe des Wehrwirtschaftsoffiziers bei den Wehrkreiskommandos gem. OKW/AWA/Ag E (Va) Nr. 799/43 v. 14. 4. 43.
(7) die Aufgabe der Hilfsoffiziere bei Reservelazaretten gemäß Chef H Rüst u B d E Nr. 4404/43 geh. AHA/S In Org Ib v. 26. 4. 43.
(8) Die Aufgabe der Offiziere für die Ausbildung und Unterrichtung der in den Lazaretten befindlichen und genesenden Offiziere gem. Chef H Rüst u B d E. Chef des Ausbildungswesens im Ersatzheer Stab/Ia (2) Nr. 1674/42 v. 22. 12. 42.

Es bestehen keine Bedenken, mit den Aufgaben der wehrgeistigen Führung in der Truppe und in den Reservelazaretten einerseits und der Ausbildung und Unterrichtung der Offiziere in den Reservelazaretten andererseits *einen und denselben* Offizier zu beauftragen, wenn hierfür eine Persönlichkeit gefunden werden kann, die den beiden *grundsätzlich verschiedenen* Aufgaben gerecht wird. Das wird jedoch nur in Ausnahmefällen erreicht werden können.
Keinesfalls darf der für die Ausbildung und Unterrichtung der Offiziere bestimmte Offizier nebenamtlich die wehrgeistige Führung in den Lazaretten mit dem Schwerpunkt der wehrgeistigen Führung der Unteroffiziere und Mannschaften mit übernehmen. Diese politische Aufgabe darf nicht von dem Aufgabenkreis des Offiziers für die wehrgeistige Führung bei den Btl. (Abt.) getrennt werden.

6. Die wehrgeistige Führung ist ausschließlich Aufgabe von *Offizieren*.
Die *unterstützende* Heranziehung von Soldaten aller Dienstgrade, die durch ihre Persönlichkeit hierfür besonders geeignet erscheinen, kann zweckmäßig sein. Verwendung soll jedoch nur für Einzelvorträge unter Leitung eines Offiziers erfolgen.

7. Die Verantwortung der Kommandeure und Komp.-(usw.)Chefs für die wehrgeistige Haltung ihrer Truppe wird durch die besondere Beauftragung der Offiziere für wehrgeistige Führung in keiner Weise eingeschränkt.

8. Für die Generalkommandos der Reservekorps und für Wehrkreisbefehlshaber im Gen.Gouv., Befehlshaber der dtsch. Tr. in Dänemark und Wehrmachtbefehlshaber Prag gilt der Befehl als *Anhalt*.
Es wird um Bericht bis 1. 7. 43 gebeten, inwieweit der Befehl in seiner Gesamtheit wegen der besonderen Verhältnisse nicht durchgeführt worden ist.

9. Diese Anordnungen bilden die *Grundlage* für die wehrgeistige Führung im Ersatzheer. Es bleibt den stellv. Generalkommandos überlassen, *darüber hinaus* je nach den örtlichen Verhältnissen weitere Maßnahmen zu treffen.

Für die Richtigkeit
gez. Dr. Schumacher
Hauptmann

Führerhauptquartier, den 22. 12. 43

DER FÜHRER

Für die nationalsozialistische Führung in der Wehrmacht befehle ich:

Im 5. Kriegsjahr ist die politisch-weltanschauliche Führung und Erziehung der Truppe in verstärktem Maße durchzuführen. Das Oberkommando der Wehrmacht hat alle hierzu erforderlichen Maßnahmen im Einvernehmen mit der Partei-Kanzlei zu treffen und für eine einheitliche Handhabung innerhalb der Wehrmacht zu sorgen.

II.

1. im OKW ist ein NS-Führungsstab zu bilden.
2. Der Chef des NS-Führungsstabes des OKW handelt in Durchführung seiner Aufgaben in meinem unmittelbaren Auftrage. Er hat hierbei das Einvernehmen mit der NSDAP. als der Trägerin des politischen Willens herzustellen. Er ist verpflichtet, den Oberbefehlshabern der Wehrmachtteile unmittelbar Vortrag zu halten.

III.

Der Chef des NS-Führungsstabes des OKW hat folgende Aufgaben:

1. Er hat dafür zu sorgen, daß die für die Truppe notwendige politische Willensbildung und Aktivierung sichergestellt wird. Hierzu vermittelt er das grundlegende politisch-weltanschauliche Gedankengut und die erforderlichen Hilfsmittel.
2. Er ist berechtigt, zur einheitlichen politisch-weltanschaulichen Ausrichtung der NS-Führungsstäbe der Oberkommandos, der NS-Führungsoffiziere und der Offiziere und Wehrmachtbeamten in leitenden Stellen Hinweise zu geben, sowie Lehrgänge durchzuführen oder durchführen zu lassen.
3. Er ist bei der Besetzung der Stellen leitender Offiziere und Wehrmachtbeamter der NS-Führungsstäbe der Oberkommandos zu hören. Ihm steht für die Auswahl der NS-Führungsoffiziere in Zusammenarbeit mit dem Leiter der Partei-Kanzlei ein Vorschlags- und Einspruchsrecht zu.
4. Er stellt Richtlinien für die politisch-weltanschaulichen Voraussetzungen auf, die Offiziere und Wehrmachtbeamte erfüllen müssen, wenn sie in Stellen für die Ausbildung und Förderung von Offizieren und Wehrmachtbeamten sowie des Führer- und Unterführernachwuchses verwendet werden sollen.
5. Die Dienstanweisungen für die NS-Führungsoffiziere der Wehrmachtteile sind mit ihm abzustimmen.

IV.

1. *Zum Chef des NS-Führungsstabes des OKW wird der Chef des Allgemeinen Wehrmachtsamtes ernannt.* Er ist in seinen sonstigen Aufgaben durch einen ständigen Vertreter weitgehend zu entlasten.
2. Die Wehrmachtteile haben den personellen Anforderungen des OKW zur Besetzung der Planstellen des NS-Führungsstabes des OKW zu entsprechen.

gez. Adolf Hitler

Beglaubigte Abschrift

Dr. Aloys Brandenstein

Bad Godesberg, den 6.2.1961
An Stadtwald 34
Tel. 66461

E r k l ä r u n g

1. Ich, Dr. Aloys Brandenstein, von Beruf Chemiker und Volkswirt, wohnhaft in Bad Godesberg, habe im Jahr 1952 den mir nach dem Krieg noch verbliebenen Betrieb, die Maschinenfabrik Bad Aibling, Inhaber Dr. Aloys Brandenstein, aufgelöst und verkauft und bin nach Frankfurt/Main übergesiedelt.

2. Ich erkläre hiermit, daß ich mich in meiner größten Notlage in den Jahren nach 1954 an die Familie Konsul Dr. Max Zwicknagl mehrfach gewandt habe mit der Bitte, mir durch gute Referenzen und Leumundszeugnisse bei dem Neuaufbau einer Existenz behilflich zu sein, was auch durch Befürwortung bei verschiedenen Stellen geschah.

   Ich kenne die Familie Dr. Zwicknagl aus der Zeit nach dem Kriege, als Herr Dr. Zwicknagl Landtagsabgeordneter war.

3. Ich stelle gleichzeitig fest, daß ich weder zu Familie Zwicknagl noch zu Familie Strauß in irgendwelchen verwandschaftlichen Beziehungen stehe. Ich bin verschiedentlich auf eine angebliche Verwandtschaft mit diesen Familien angesprochen worden. Ich habe diesen Irrtum aber stets unverzüglich richtiggestellt.

4. Dank meiner vieljährigen internationalen Erfahrungen zu Industrie und Behörden und meiner guten früheren Beziehungen und vor allem dank meiner Grundkenntnisse habe ich mir meine heutige Existenz in der bestehenden Form geschaffen.

5. Ich sehe es als meine Verpflichtung an, allen Behauptungen entgegenzutreten, ich sei von irgendjemanden irgendwie protegiert worden resp. man habe irgendwelche Amtshandlungen zu meinen Gunsten begangen. Dies stelle ich mit besonderem Nachdruck hinsichtlich der Person und der Familien von Konsul Dr. Zwicknagl und Bundesminister Strauß fest. Gerüchte, nach denen ich z.B. von Bundesminister Strauß in dessen Flugzeug nach Portugal oder anderswohin mitgenommen wurde, sind frei erfunden.

6. Ich möchte ausdrücklich betonen, daß selbstverständlich weder Familie Dr. Zwicknagl noch Familie Strauß an meinen Geschäften in irgendwelcher Form beteiligt sind, waren oder sein werden oder von mir irgendwelche Zuwendungen resp. materielle Vorteile irgendwelcher Art erhalten haben bzw. erhalten werden.

gez. Dr. Aloys Brandenstein

Urk. R.Nr. 312/1961

»Erklärung« des »Onkels Aloys«: »... in größter wirtschaftlicher Not ...«

Urk. R. Nr. 312/1961

Auf Grund vor mir erfolgter Anerkennung beglaubige ich die umstehende Unterschrift des Herrn Dr. jur. Dr. rer. pol. Aloys Sebastian Brandenstein, Chemiker und Volkswirt, wohnhaft in Bad Godesberg, Am Stadtwald 34.

Köln, den 6. Februar 1961

Der Notar:

(L.S.
Dr. Pascal
Maubach
Notar in Köln)

gez. Unterschrift.

Die Übereinstimmung vorstehender Abschrift mit der Urschrift wird hiermit beglaubigt.

Bonn, den 17. Februar 1961

DER BUNDESMINISTER FÜR VERTEIDIGUNG 47

Rückseite der »Erklärung«: Durch Minister-Siegel zum quasi regierungsamtlichen Dokument befördert

Dr. h. c. FRANZ JOSEF STRAUSS
Bundesminister

BONN, 20. Februar 1961

Sehr geehrter Herr Abgeordneter!

Wie ich Ihnen bereits mündlich mitteilte, habe ich auf Grund der von gewisser Seite an mich herangetragenen Behauptungen verfügt, dass die zuständige Abteilung des BMVtdg. sowie das Bundesamt für Wehrtechnik und Beschaffung Herrn Dr. Aloys Brandenstein nicht mehr als Verhandlungspartner akzeptieren und den Firmen auf Anfrage das auch mitteilen sollen.

Als Grund für meine Verfügung habe ich angegeben, dass nach den mir gemachten Mitteilungen Herr Brandenstein sich auf gute Beziehungen zu mir bzw. meiner Familie berufen habe und der Behauptung, er hätte sogar verwandschaftliche Verbindung, anscheinend nicht energisch genug entgegengetreten ist. Ich muss allerdings darauf hinweisen, dass Herr Brandenstein nachdrücklich bestreitet, zu solchen Gerüchten auch nur irgendwelchen Anlass gegeben zu haben und sich ferner verpflichtet hat, allen Behauptungen dieser Art, auch mit allen möglichen Rechtsmitteln, entgegenzutreten.

Da diese Verfügung eine interne Hausverfügung ist, kann ich Ihnen keinen Abdruck davon zur Verfügung stellen.

Mit freundlichen Grüssen

Strauß

An den
Bundestagsabgeordneten
Herrn Dr. Friedrich Zimmermann

MÜNCHEN 19

Hengelerstr. 7

Begleitschreiben (Original im Besitz von Bernt Engelmann)

Dem Presseausschuß Demokratische Initiative (PDI), dem – außer dem Autor – die folgenden Schriftsteller, Journalisten und Gewerkschafter angehören:

Dieter Bamberg
Horst Bingel
Hans Peter Bleuel
Rolf Bringmann
Günter Bröhl
Wolf Brühan
Margot Brunner
Peter O. Chotjewitz
Ingeborg Drewitz
Wolfgang Ebert
Axel Eggebrecht
Elisabeth Endres
Anne-Marie Fabian
Walter Fabian
Dirk Gerhard
Max von der Grün
Horst Herrmann
Richard Hey
Dieter Hildebrandt
Kurt Hirsch
Friedrich Hitzer
Jürgen Itzfeldt
Walter Jens
Robert Jungk
Hermann Kesten
Heinar Kipphardt
Otto Köhler
Franz Yaver Kroetz
Dieter Lattmann
Egon Lutz
Angelika Mechtel
Susanne v. Paczensky
Ursula Pausch-Gruber
Josef Reding
Peter Riemer
Luise Rinser
Erika Runge
Fritz Sänger
Ulrich Sonnemann
Monika Sperr
Ingrid Schuster
Thaddäus Troll
Brigitte Unterhinnighofen
Günter Wallraff
Martin Walser
Gerhard Weber
Ulrich Wickert
Jochen Willke
Gerhard Zwerenz

gebührt der Dank des Autors für seine Solidarität und wertvolle Hilfe bei der Zusammenstellung dieser Dokumentation.